황혜숙
작품선

황혜숙
작품선

낡고
오래된
일상에 대하여

목차

8 　작가의 글

10	수필	무지개		78	수필	인생 - 동화 속 어느 하루
16	수필	지하철 단상		82	시	낙조
19	수필	무궁화 꽃이 피었습니다.		84	수필	교차로
26	시	자화상		88	수필	트로트 시절
27	시	세월		94	수필	그 바람소리
28	수필	교장선생님		98	시	바보새
33	수필	양희은 콘서트		100	수필	산행 사인방
38	시	신촌 블루스		105	수필	서촌의 추억
40	시	여행		112	시	침묵
42	시	밥상		114	수필	빅토리아
44	시	빈 방		119	수필	4월의 단상
46	수필	소금길 나들이		126	수필	애상 - 어머니 나의 어머니
51	수필	동행		130	수필	어머니의 밥상
56	수필	이별 그 무심함에 대하여		135	수필	일인극
61	시	일상		140	수필	마당 넓은 집
62	시	정의		146	수필	한여름 밤의 색소폰
64	수필	할머니의 떡 목판		150	수필	신문
70	수필	불씨 하나		155	시	축복
73	시	겨울밤		156	시	소년
74	수필	한가위 단상		158	수필	깨어있는 밤

163	수필	친구의 빈 자리	235	시	무궁화
167	수필	잃어버린 시선	236	시	그 해 여름
172	수필	함진아비	238	수필	장애
175	시	이별	244	시	첫눈
176	수필	조화	246	시	참회록
180	시	시인	248	시	어느 노인의 독백
182	수필	스트레스 풀기 - 욕에 대하여	250	수필	어머니의 방
186	시	노인 - 공원에서	254	수필	누군가 있어 우리는
188	수필	일 디보 콘서트	259	시	거목
193	수필	아버지의 구두	260	시	생명
198	수필	아버지의 일기	262	수필	홀로와 동행
203	시	무서운 아내	267	시	인생
204	수필	어버이날 단상	268	수필	상실과 작별 사이
208	시	귀순(이방인)	275	수필	인생 해방일지
210	수필	귀향	280	수필	여름 무상
218	수필	봄날은 간다	282	시	상실
224	수필	주말 농장	283	시	깨달음
229	수필	눈사람	284	시	걸림돌
232	시	그리움	286	수필	병실 풍경
234	시	거듭나기	291	수필	낡고 오래된 일상에 대하여

296 평론가의 글

'괜찮아, 괜찮아, 잘하고 있어'

　　책이란 그 안에 들어있는 글자들을 눈을 크게 뜨고 읽어주는 사람들을 만났을 때 그 소용됨을 다한다. 그리고 그 책 안에 글자들을 채워 넣는 사람은 애써 과하게 치장하지 않더라도 조금은 자신이 쓴 글을 읽어줄 독자들의 눈과 마음을 배려해 정성을 다 하여야함도 당연함이다.

97년에 '월간문학'으로 등단한 이후 나는 꾸준히 글을 썼다. 그러나 내 생각에 그런 글들은 대부분 하루의 일상을 이삭줍기 하듯 써놓은 일기들에 불과했다. 책을 내고 싶었지만 읽는 사람들에게 실례가 될 것이 뻔할 것 같은 모자람으로 인하여 선뜻 용기를 내지 못했다. 아무에게도 읽히지 않고 버려지는 책들은 모두 쓰레기에 불과할 뿐이라고 생각했다. 그럼에도 불구하고 애틋한 공감의 슬픔과 놀라운 감동의 환희 같은 것을 독자에게 전달하고자 하는 작가로서의 내재된 욕망이 컸던 것 같다.

이렇게 수필과 시를 넣어 느지막이 책 한권을 내게 된 것을 애써 변명하자면 먼 훗날 평생 밥상차리는 일에만 최선을 다하던 할머니가 사실은 생각과 사색의 글나무를 키워 어떤 열매이든 할머니가 늘 차리던 밥상처럼 최선을 다해 만들어 내고 싶었던, 또 다른 그 무엇인가를 늘 꿈꾸면서 살아왔음을 나의 사랑하는 손주들이 기억해 주길 바라는 마음에서이다. 감히 작가라는 명칭보다는 글도 쓸 줄 아는 멋진 할머니였다고 기억해주면 더 이상 바랄게 없다는 마음이다.

"할머니, 작가야? 시인이야? 소설가야?"

아이들은 아직 수필을 잘 모른다. 나도 아직 수필을 잘 모른다. 수필처럼 써내기 어려운 문학 장르도 없는 것 같다. '시'처럼 함축의 의미가 너무 지나쳐서도 '소설'처럼 너무 많은 수다와 허구의 창작도 용납되지 않기 때문이다.

내 생각엔 수필이란, 그리고 시란 화가가 한 폭의 아름다운 수채화를 그리듯 글로써 그림을 그려내는 것은 아닐까 생각해본다. 자신의 이야기를 시나 수필로 그려냈을 때 그 그림 속 이야기가 전해주는 감동과 전율이 없다면 실패한 작품이란 것을 잘 알면서도 그동안 시간차를 두고 써온 오래된 일기 속에서 꺼낸 이야기들을 수필이라는 이름으로 감히 그러내 보았다.

글쓰기를 접어둔 채 오랜 세월 한 가정의 아내로, 어머니로 그리고 할머니로 밥상을 차리며 평생 가정주부로 살아온 나의 전문직이 수필의 밑그림이 되고 시의 밑그림이 되어 읽는 사람들에게 조금이라도 공감을 전달했으면 하는 마음도 솔직한 나의 바람이다.

누구나 한평생을 살아가면서 자신이 원하는 일을 다 이루고 살기는 어렵다. 남보다 남루하고 부족한 삶을 살았다고 생각해도 그건 자신의 인생에 최선을 다한 결과물임으로 소중하게 간직하고 존중해줘야 마땅한 일이다. 가족들을 위해 최선을 다해 살아온 나의 삶의 궤적도 마찬가지이다.

나는 무척 내향적인 성향을 타고난 사람이다. 그럼에도 그동안 써온 오래된 일기같은 글들 속에서 애써 이야깃거리를 만들어 수줍게 두 손 모아 선보임에 이 책을 받아든 모든 사람들에게 너그러운 이해를 구한다. 오늘도 힘들고 어려운 삶을 최선을 다해 이어가고 있는 세상의 모든 선량한 사람들에게, 그리고 또 나에게도 "괜찮아, 괜찮아, 세상에서 당신이 가장 아름답고 멋진 사람이야."라고 위로를 전하고 싶다.

내가 좋아하는 시인 휘트먼의 시 중 특히 좋아하는 문장들로 좀 더 하고 싶은 이야기를 마무리 하려 한다.

> 나는 늙으면서 젊고
> 현명한 만큼 바보스럽다.
> 나는 다른 사람들에게 관심이 없고
> 늘 다른 사람들에게 관심을 기울이고 있다.
> 나는 부성적이면서 모성적이고
> 또한 어른인 듯 아이이다.
> 나는 거친 것들로 가득차 있고
> 좋은 것들로 가득차 있다.
>
> 'Song of myself' 중에서

2025.6. 황혜숙

무지개

　　　한여름날의 뜨거운 열기를 식히기라도 하듯 기다리고 기다리던 비가 아침부터 주룩주룩 제법 굵은 장대비가 시원스레 쏟아집니다. 길고 지루한 여름 가뭄에 축 늘어져 있던 아파트 단지 내 크고 작은 나무들도 한결 생기를 찾은 듯 한껏 기지개를 켜며 짙은 녹색의 푸르름을 자랑하고 화단 한 모퉁이 씨앗으로 떨어져 남의 집 곁방살이하듯 오밀조밀 피어난 봉선화꽃 한 무리도 시원한 빗소리에 화들짝 놀라 단비를 맞아들이며 잠시 맵시를 뽐냅니다.

　　무더운 여름 내내 더위에 지친 사람들의 몸과 마음도 조금은 기운을 찾으며 선선해졌으리라 여겨지는 무더웠던 여름날의 끝자락에 모처럼 찾아든 쾌청한 날입니다. 뜨겁게 달아오른 도심의 열기와 길가의 먼지들을 한바탕 시원하게 씻어내고 장대비가 그친 저녁나절, 19층 아파트 베란다에서 비 개인 맑은 하늘을 바라보며 다섯 살의 어린 손자 녀석이 앙증맞은 목소리로 소리를 지릅니다.

"할머니! 무지개~." 노을진 서편 하늘가에 선명하게 떠오르는 무지개를 어린 손주가 찾아냈습니다.

"아니 어떻게 무지개를 발견했어?" 신기해서 물으니 으스대기 좋아하는 녀석이 의기양양 대답합니다. "응, 내가 찾아내고야 말았어!"

한참 자신만의 성장기 속에서 언어 구사 능력이 하루 하루 빛나고 있는 녀석은 요즘은 말끝마다 "내가 뭔가를 해내고야 말았어!"로 자신의 우월함을 뽐내곤 합니다. 어린 손주들의 저녁 밥상을 차리던 나는 잠시 노을에 젖은 하늘가 무지개를 바라보며 아이들과 함께 동심에 흠뻑 젖어봅니다. 오늘따라 참 예쁜 하늘입니다.

처음 '할머니'라는 소리를 들었을 땐 조금은 당혹스럽고 민망하기 조차 하더니 이제는 내가 이렇게 사랑스러운 아이들의 할머니가 되어 있다는 것이 스스로 대견하게까지 느껴집니다. 늦은 나이에 혼인한 아이들이 몇 해 동안 아기를 갖지 못해 애를 태우더니 어느 해 부터인가 한해 터울로 손주들이 넷이나 태어났습니다. 나에게 할머니라는 벼슬을 달아준 신기한 생명체들입니다.

어린 시절 부모와 떨어져 할머니와 시골의 고향 집에서 단둘이 자란 기억 때문에도 나는 어린 손주들의 좋은 할머니가 되어 주려고 애쓰고 있습니다. 먼 훗날 아이들이 많이 자라 어른이 되어도 할머니와의 추억 들을 잊지 않고 살아갔으면 하는 부질없는 욕심도 있습니다. 어린 시절 나를 키워주신 할머니의 사랑을 내가 늘 그리움으로 안고 살아가기 때문에 가져보는 욕심이기도 합니다. 만만치 않은 나이가 되었어도 사랑스러운 아이들과 함께 있다 보면 나도 모르게 동심의 세계로 흠뻑 빠져 들고 그 시절 내 할머니의 모습도 자주 떠 오르곤 합니다.

나는 다섯 남매의 맏이로 태어났습니다. 아래로 개구쟁이 남동생 셋, 그리고 개구쟁이 사내동생들에게 지쳐 '이번에는 제발 여동생을 낳게 해주세요.' 밤새워 기도하여 얻은 막내 여동생까지 모두 네 명의 동생들이 있습니다.

할머니와 단둘이 고향 집을 지키며 살던 내가 중학교에 가기 위해 부모님과 어린 동생들이 생활하고 있는 서울 집으로 올라온 후엔 나는 홀로 외로움 속에 자란 유년 시절과 달리 부모님과 네 명의 동생들과 함께 살아야 하는 대가족의 생활에 적응하기 위해 많이 애써야 했습니다.

예의(禮意) 규범(規範)의 가정교육이 절대적인 유교 집안 종가(宗家)의 맏이인 부모님은 거의 한 달에 한 번 정도 조상의 제사(祭祀)를 너무나도 정성껏 지내셨지요. 조상님들의 기일(忌日) 보름쯤 전부터 어머니는 한 여름에도 군불 땐 방에 찹쌀가루를 말리시며 약과며 산자(제사상에 올리는 과자) 등 제사상에 올릴 음식들을 손수 정성껏 만들고 준비하시느라 분주하셨고 지방에 거주하시는 일가 친척들은 기일 며칠 전부터 "이리 오너라!" 를 젊잖게 외치시며 찾아오시니 서울에서의 나의 또 다른 어린 시절 우리 집은 늘 자주 드나드시는 일가 친척들로 조용할 날이 없었습니다.

제삿날을 위해 지방에서 올라오신 일가 친척들은 으레 며칠씩 묵어가시니 사람들로 늘 북적이던 집안 풍경이 어린 시절의 우리 형제들에겐 늘 잔칫날 같아 즐거웠지만 온종일 부엌에만 계시던 어머니는 얼마나 힘이 드셨을까요. 맏이인 나는 늘 일손이 분주한 어머니를 도와드리고 어린 동생들도 보살펴야 했습니다. "누나, 누나." 하며 따르는 동생들이 신기하기도 하고 더러는 귀찮기도 했지만 나는 어린 마음에도 바쁜 어머니를 도와 동생들을 잘 보살펴 주어야 한다고 생각했습니다. 맏이의 책임감 같은 것도 한몫했으리라 생각됩니다.

어느덧 나이가 들어 내가 출가를 하게 되었을 때는 이제 누나도 언니도 없는 동생들을 누가 보살피나 걱정이 되기도 했습니다. 나의 결혼식 날 앞자리에 나란히 앉아있는 동생들을 바라보며 눈시울이 붉어지기도 했지요. 결국에는 고개를 들지 못할 정도로 결혼식 내내 눈물을 쏟아낸 나는 그만 결혼식장에서 울보 신부가 되고 말았습니다.

그해 막 중학생이 된 하나뿐인 막내 여동생이 단정하게 교복을 차려입고 신부대기실에 언니보다 먼저와 눈물을 펑펑 쏟고 있기도 했습니다. 개구쟁이 오빠들만 있는 집에서 하나뿐인 언니가 시집을 가니 아마도 제 편이 영영 사라지는 것 같아 많이 서러웠을 것입니다. 내게도 참으로 사랑스러웠던 그 아이와 눈이 마주치자 나도 모르게 그만 결혼식 내내 눈물이 걷잡을 수 없이 쏟아졌던 것 같습니다.

사랑스러웠던 어린 동생들과의 추억으로 힘들기도 행복하기도 했던 어린 시절과 청년 시절, 그리고 혼인하여 나의 세 아이들을 힘들게 키워내던 젊은 날과 중장년 시절, 때론 많이 힘들었던 시간들을 잘 견뎌내면서 잠시의 휴식도 없이 치열하게 살아낸 것 같은 나날들이 훌쩍훌쩍 지나가 버렸습니다.

어떤 누구에게도 특혜가 없는 무정하고 공평한 세월이 이제 이만큼 나이가 드니 점점 더 빠르게 달아납니다. 세월은 아무리 세월이 흘러도 늙지도 힘이 빠져 나약해 지지도 않는 것 같습니다. 잠시도 쉬지 않는 세월이라는 특급열차에 실려 나는 어느새 이렇게 할머니가 되어 무지개 빛 저녁 노을 앞에 서 있습니다.

언젠가 다시 맵시를 뽐내며 입어보고 싶었던 그 오래전 젊은 날의 나의 미니 스커트와 굽 높은 하이힐도 아직도 때를 기다리며 옷장과 신발장 한 모퉁이를 차지하고 있습니다. 영원할 것 같았던 젊은 날의 착각 때문입니다. 각선미를 뽐내며 그 옛날 즐겨 찾던 신촌과 명동 길들을 함께 다시 걸어보자고 약속한 친구도 어느 날 불현듯 먼 길을 홀로 떠나갔습니다.

젊은 날 한때 이상주의를 꿈꾸며 특별한 삶을 계획하고 온갖 고뇌와 야무진 계획들로 가득 차있던 그녀와의 시간들은 이제 저만큼 그다지 멀지 않은 곳에서 홀로 남은 내게 속삭입니다.

"너무 쓸쓸해 하지마. 누구나 다 그런거야."

동생들을 보살피며, 내 아이들을 보살피며 그리고 황혼의 나이에 이제는 손자들을 보살피며 살아내는 내 인생의 뒤안길에는 끝내 이루지 못한 내 젊은 날의 꿈들이 켜켜이 쌓여 때때로 미완성의 서러움과 회한을 쏟아내기도 하지만 두꺼운 책갈피마다 한잎 한잎 마른 은행잎을 끼워 넣듯 그 꿈들을 접어 넣은 나의 포기와 인내의 모습에도 이젠 따뜻한 위로를 보내고 싶어집니다.

"할머니! 무지개가 사라졌어요!" 뚫어져라 무지개를 바라보고 있던 손주 녀석이 또 그 어여쁜 목소리로 소리칩니다.

아마도 내 생에 마지막 본 무지개가 될지도 모르겠습니다. 가족이라는 울타리 안에서 파수꾼을 자처하며 살아온 날들이 오늘 비 개인 하늘에 나타났다 사라진 고운 무지개처럼 어여쁜 나의 손주들에게도 먼 훗날 따뜻한 그리움으로 남아 있길 소원해 봅니다.

지하철 단상

나는 지하철을 좋아한다. 어두운 지하를 달리는 지하철에 타고 있노라면 때론 막막한 답답함도 있지만 그래도 버스처럼 흔들리지 않아서 좋다.

한 달에 서너 번 오래된 친구들을 만나기 위해 주로 2호선을 이용한다. 문래역을 떠나 당산역을 지나면 지하철은 지상으로 올라가 끝없이 펼쳐진 은빛 물결의 탁트인 한강을 바라보며 지하에서의 답답함에서도 잠시 벗어난다. 지하철을 타고 길고 어두운 지하를 달리다 보면 잠시 올라선 지상에서의 밝음이 그렇게 고마울 수가 없다.

날마다 쉬임없이 어두운 지하로만 달리는 지하철도 이따금 계절에 따라 비도 맞고 눈도 맞는 지상에서의 조화로운 밝음이 고맙기는 나와 마찬가지이리라.

그런데 언제부터인가 나는 지하철을 타는 일이 당당하지 못하고 조금은 주눅이 들기 시작했다. 내 의사와 상관없이 무임승차를 하게 된 것이다. 국가에서 주는 당연한 혜택임에도 카드를 개찰구에 대면 두 번씩 울림소리를 낼 때마다 마치 불법행위를 하는 사람처럼 괜히 주변의 눈치가 보이기 시작한 것이다. 함께 나이 들어가는 친구들에게 이야기하니 당당하게 누려야 하는 복지제도가 아니냐는 쪽과 나와 비슷한 심정의 두 부류로 생각이 나뉘어진다.

세상은 자꾸 변하고 사람들의 의식이나 판단들도 제각각 그 기준과 성향에 따라 보편적 중심가치가 흔들리고 세대의 간극은 점점 멀어져 간다. 아직은 어떤 세대와도 소통에 문제가 없다고 생각하고 있는 나도 통과음을 두 번씩 반복하는 지하철 카드를 이따금 쓰고 있노라면 분명 요즘의 중심세대인 청장년시대로 부터 멀어진 구세대가 되어 있음이 틀림없다.

나름 열심히 살아온 지난날들에 대한 추억이나 자부심도 잠시, 혹여 젊은 세대들에게 민폐를 끼치고 있는 건 아닌지 눈치도 보인다.

젊은이들이 북적거리는 대학가, 오래된 벗들의 오래된 만남의 장소가 있는 곳이다. 교통카드를 대고 출구를 통과하자 젊은 역무원 두 사람이 내게로 다가선다.

"손님, 카드 좀 보여주세요."

얼떨떨해 하고 있는 나에게 그는 "교통카드요." 한다. 그렇지 않아도 무임승차에 여전히 적응하지 못하고 있는 나의 약점이라도 잡은 듯한 그의 태도에 괜스레 주눅이 들었다.

"왜 내가 뭘 잘못했나요?"

"다음부터는 신분증을 꼭 가지고 다니세요. 아직 어르신 카드 쓰실 연세는 아니신 것 같아서요. 가끔 그런 분이 계시거든요."

마치 위법행위라도 했다는 듯 그는 조언을 하고 돌아선다.

뒤늦게 상황을 깨달은 나는 평소에 애용하던 에스컬레이터를 외면하고 애써 힘겨운 계단을 선택해 오른다. 시력이 안 좋은 젊은 역무원으로 인해 한 십 년쯤 세월을 거슬러 받은 듯, 갑자기 발걸음이 가벼워지기 시작했다. 어색한 그 상황들이 조금은 민망하기도 했지만 한편 오늘 나는 분명 누군가에게 아주 오랜만에 위로를 받은 게 틀림없기 때문이다.

한 해, 한 해, 점점 나약해져 가고 있는 몸과 마음을 한껏 추스르며 살아가고 있지만 나이는 어쩔 수 없이 얼굴에 써있고 그려져 있다고 믿고 있는 스스로에게 오류가 생긴 날이다. 나는 애써 몸과 마음을 가다듬고 함께 나이 들어가고 있는 오래된 벗들이 기다리고 있을 카페로 힘찬 발걸음을 옮긴다. 지하철을 오래 타다 보면 이렇게 기분 좋은 날도 있다.

무궁화 꽃이 피었습니다

끝이 안보이던 한여름 폭염도 사라지고 어느새 아침과 저녁에는 제법 찬바람이 옷깃을 여미게 하는 가을, 그리고 시월이다. 자연이 선물해주는 축복의 계절에 감사할 따름이다. 이맘때면 어김없이 날아드는 청첩장 중에 올 가을엔 혼기가 한참 지나 걱정이던 조카딸의 청첩장도 섞여있으니 반갑고 고마운 일이다.

결혼을 너무 늦게 하거나 아예 하지 않으려는 자녀들로 인해 자식들 눈치만 보며 애를 태우는 나를 비롯한 이 시대의 나이든 많은 부모들을 생각하면 청첩장은 곧 누군가의 한숨을 걷어내기도 하는 반가운 소식임에 틀림없다. 신부의 고모인 나는 오랜만에 한복을 정성껏 차려 입고 식장으로 향했다. 오늘은 둘째 남동생의 큰 딸아이가 결혼하는 날이다.

식장 한 모퉁이에 서 있던 희끗희끗한 머리결 한 무리 장년의 신사들이 환한 웃음을 머금은 채 하나 둘 내 곁으로 다가선다.

"누님이시지요?"

너무 오랜 세월이 지나 누구인지 알아볼 수도 없는 얼굴들이 되었지만 이 장년의 노신사들은 분명 오늘의 결혼식을 축하해 주기 위해 참석한 나의 둘째 동생의 오래된 친구들임에 틀림이 없다.

나에겐 셋이나 되는 남동생, 그리고 여동생 하나, 모두 네 명의 동생들이 있다. 오래전 어린 시절이나 지금이나 다섯 남매의 맏이인 나에겐 너무나도 소중하고 어여쁜 동생들이다. 이제 나와 함께 모두 황혼길에 들어선 동생들, 그들의 아이들인 조카들의 결혼식장을 찾을 때마다 어김없이 내 곁으로 다가서며 반가워하는 한 무리의 하객들(?)덕분에 나는 오래 전 추억으로 잠시 즐거워지곤 한다.

"누님께서 밥을 참 맛있게 해 주셨지요."

모두가 밥만 배불리 먹으면 더 바랄 것이 없던 시절, 그들이 추억하는 대부분의 이야기는 모두 밥 이야기이다. 아마 별 반찬이 없었어도 모두가 어려웠던 그 시절엔 누구나 밥 한 그릇으로 배가 부르면 그만이었을 것이다.

그리고 보니 나는 동생들의 친구들이 찾아 올 때마다 어머니를 도와서 그 아이들에게 밥상을 많이도 차려준 것 같다. 속수무책인 세월 속에 어느새 나와 같이 노년으로 들어선 동생의 친구들은 너도 나도 가난했지만 아름다운 추억으로 가득한 청소년 시절을 회상하며 저마다의 기억 속에 저장되어 있는 추억담을 꺼내 놓는다.

까마득한 옛날, 그들의 이야기 속으로 함께 들어가니 고단하게 살아온 것만 같던 그 시절이 한 폭의 아름다운 수채화처럼 곱게 펼쳐진다.

까까머리 중, 고등학생으로 한 동네에 살며 밥 잘 차려주는 누나가 있는 친구 집을 많이도 드나들었다고 회상하는 그 시절의 소년들은 그들이 노력하고 원했던 만큼의 여러 분야에서 성공적인 사회생활을 갈무리하고 어느새 조금씩 추억에 젖어 살고 있는 황혼의 친구들이 되어 있었다.

다른 동생들의 자녀들 결혼식에서도 나는 뜻밖의 이런 하객(?)들을 만나 밥 잘 차려준 그들 모두의 누나가 되어 마치 엊그제 만났던 젊은 날의 누나와 청소년 시절의 아이들처럼 순수시절의 추억 속으로 잠시 빠져든다.

정말 밥상차려주는 것 밖에는 어린 동생의 친구들에게 해 줄 것이 없던 시절이었다. 집안의 대소사가 너무 많았던 종갓집, 장남의 맏며느리로 시집오신 어머니는 종가의 기제사나 명절 등 대소사가 있는 날이면 부엌에서 하루 종일 나오시기 힘든 날이 많았다. 일가친척들의 잦은 방문에 어머니는 하루 종일 밥상 차리는 일에 바쁘신 날이 많았고 또한 그 일들을 당연한 것으로 생각하시고 지극정성으로 해내셨다. 내 집에 오는 손님들에겐 모두 밥을 배불리 먹여 보내야 한다는 게 어머니의 소박한 소신이기도 했다. 그런 어머니의 영향으로 아마 나도 어린 동생들의 친구들이 찾아올 때마다 기꺼이 밥상을 차려 내곤 했을 터이다.

여자는 공부도 중요하지만 무엇보다 음식을 잘 할 줄 알아야 된다는 보수적이고, 가부장적인 가정환경 속에서 맏이이며 장녀였던 나는 늘 집안의 대소사가 있을 때 마다 예술작품을 만들어 내듯 음식 하나하나에 온갖 정성을 쏟아내는 내 어머니의 솜씨를 따라 배우려 애쓰기도 했다. 지금처럼 먹거리가 흔하지도 않았고 더러는 학교에 도시락을 못 싸오는 배고픈 친구들도 있던 어려운 시절 이었다.

나는 지금도 이미 어른이 되어있는 나의 아이들에게 늘 밥을 잘 챙겨먹고 다니라는 말을 입에 달고 산다. 엄마는 밥 밖에 모른다고, 밥 이야기 좀 그만하라고 핀잔을 해대는 아이들에게 그래도 나는 세상의 모든 것 중에 밥이 으뜸이고 그 이상의 소중한 것은 없다고 잔소리를 한다. 아직도 나는 오래 전 모두가 가난하고 어려웠던 시절의 밥상에 머물러 있는지도 모른다. 내 집을 찾아오는 누군가에게 밥상부터 차리려는 습관을 버리지 못하고 있는 것도 그 때문일 것이다.

그 시절 생일이나 명절 같은 특별한 날이나 먹을 수 있었던 소고기 미역국, 잡채, 그리고 온갖 전과 생선들을 우리는 지금 날마다 밥상에서 어렵지 않게 먹을 수 있게 되었다. 놋수저에 기름을 발라 한 장 한 장 연탄불에 석쇠를 올리고 조심스레 구워내던 김은 정말로 귀한 손님이나 오면 내놓던 특별한 음식이기도 했다. 명절이나 경조사가 있는 날, 친척이나 지인의 집을 방문할 때면 꼭 들고 가는 귀한 선물 중엔 김 한 톳(100장) 그리고 짚으로 엮어 만든 열 개 들이 계란 한 줄, 설탕 등이 귀한 선물이었던 시절이다.

우리 집엔 명절 때 마다 신문지에 소고기 두 근씩 싸 들고 오는 젊은이가 있었다. 그 시절 내무공무원이시던 아버지께서 집안이 어려워 야간 대학을 다니던 학생의 일자리를 해결해 주었는데 그 학생이 대학을 졸업하고 아버지가 돌아가실 때까지 어김없이 명절이면 꼭 소고기 두 근씩을 사 들고 찾아왔다. 소고기는 6-70년대 까지만 해도 그렇게 귀한 선물이었다.

요즘은 텔레비전을 켜기만 하면 음식 방송이 넘쳐 난다. 더 맛있는 먹거리들을 찾아 사람들은 먼 길도 마다하지 않고 맛집 탐방들도 하고 그렇게 귀한 음식이었던 소고기를 온 가족이 둘러앉아 대량으로 먹어 치우기도 한다. 나도 이따금 아이들의 성화에 외식을 하지만 가능하면 집에서 밥을 먹도록 아이들에게도 권하고 있다. 여기 저기 상점마다 먹거리들이 넘쳐나고 사람들은 쉽게 구해지는 먹거리들이 얼마나 귀한 것 인지를 점점 잊고 살아간다.

함부로 버려지는 음식들을 상상할 수도 없었던 시절이 불과 3-40년 전이다. 지금처럼 식재료들이 넘쳐나게 쌓여있는 대형 마트나 먹거리 상가, 그리고 편의점 같은 것이 거의 없었던, 오로지 재래시장에서만 음식 재료들을 구할 수 있었던 6-70년대까지만 해도 버려지는 음식들은 거의 찾아보기 어려웠다. 생선 한 마리, 달걀 한 알, 두부 한 모, 모두가 귀한 우리들의 생명을 지켜주는 먹거리들이다.

특별히 더 맛있고 더 귀한 음식들을 찾아다니는 과소비의 먹거리 방송 같은 것을 텔레비전으로 너무 많이 보여주는 것도 하지 않았으면 좋겠다는 것이 내 개인의 생각이기도 하다. 대개의 사람들은 그것이 요즘 사람들이 누구나 먹고 살아가는 식문화라고 착각할 수 있기 때문이다.

아직도 우리 주변엔 충분한 식생활을 온전히 해결하지 못하고 살아가는 사람들이 많다. 생명과 직결된 음식은 귀하고 소중한 것이다. 너무 많은 먹거리들에 집착하고 추구하며 그것들에 지배당해 살아 가다 보면 우리는 정말 우리의 생명을 지켜주는 음식들이 얼마나 귀하고 소중한 것인지를 망각할 수 있기 때문이다. 오래 전 밥 한 그릇 배불리 먹으면 행복했던 그 시절엔 좀더 나은 세상, 따뜻한 세상을 지향하고 꿈꾸며 사색하는 여유 시간들도 많았던 것 같다.

밥이야기로 잠시 추억여행을 한 조카의 결혼식장에서 돌아와 나는 또 다시 그 옛날 항상 배가 고팠던 청소년 시절의 동생 친구들에게 따뜻한 밥상을 차려주었던 기운을 소환하려 애쓰며 힘을 내어 어린 손주들의 저녁 밥상을 차린다.

"할머니, 저기 좀 봐! 하늘이 너무 예뻐! 노을이야." 여덟 살 어린 손녀가 한참 저녁밥을 짓느라 분주한 할머니의 젖은 손을 잡아 끌고 19층 아파트 베란다로 달려간다. 신기한 것을 발견한 듯 초롱초롱한 말투로 도시의 거대한 빌딩 숲을 헤치고 서쪽 하늘로 기울어져 가고 있는 붉은 석양을 가리키는 어린 손주 손끝을 따라 바라본 저녁 하늘은 참으로 또 한 폭의 수채화처럼 붉은 물감을 뿌려 놓은 듯 곱고 어여쁘다.

나는 비로소 너무 많은 시간, 밥을 지으려 애쓰며 살아온 나의 고단한 인생의 빛깔이 붉게 타 오르며 곱디 고운 빛으로 의연하게 해넘이를 하고 있는 저녁 노을에 함께 걸려 있음을 깨닫는다.

무궁화 꽃이 피었습니다. 어린 시절 까치발을 내 딛으며 술래인 나의 등 뒤로 살금살금 다가와 짓궂게 웃고 서 있던 개구쟁이 어린 동생들, 나는 늘 그 아이들이 술래인 나에게 들키지 않게 다가올 수 있도록 아주 천천히 무궁화 꽃을 피우곤 했다.

할머니가 차려준 밥상에 둘러앉아 맛있게 저녁밥을 먹고 있는 손주들을 바라보며 누나가 차려준 밥상 앞에 앉아 도란도란 이야기꽃을 피우며 맛있게 밥을 먹던 어린 날의 사랑스럽고 어여쁜 동생들이 새삼 몹시도 그리워지는 저녁이다.

무 궁 화 꽃 이 피 었 습 니 다.

자화상

차마 그리움을 소리내지는 못합니다
창밖에 비는 쏟아지고 어둠 속에 흩어져가는
흙먼지같은 알갱이들이
하나 둘 빗줄기를 타고 바닥으로

용케도 견뎌온 그 선함을 위로하듯
면경처럼 투명한 가슴에 손을 얹고
알갱이가 되어 안착한 상처들을
토닥 토닥 아이처럼 달래줍니다

후회할 것도 자만할 것도 없는
오롯이 온갖 그리움으로만 남은
생의 외줄 끝에서 나는 문득
오래전 스스로를 그리워하며
비로소 아이처럼 천진스레
웃어봅니다

세월

저만치 산모퉁이 돌아가는 겨울바람
산비탈 쌓인 눈 스스로 녹아내리고
꽃구름 산봉우리 몇 만개를 넘고 넘어
휘엉청 밝은 달빛조차 산 허리에 주저앉아
서러움마저도 꽃으로 피어나는 봄날의 설레임

세월은 성큼성큼 앞장서가고 아이들은
멋 모르고 뒤따라가고 다시 돌아올줄
모르는 길을 나는 자꾸만 뒤돌아보며
잃어버린 기억들 속에 산수유같은 그리움들이
꽃비처럼 향기롭게 쏟아져 나리네

교장선생님

　더운 여름날 운동장에서의 길고 지루한 아침 조회시간. 교장선생님의 말씀을 듣다가 더러는 쓰러져 누군가의 등에 업혀 양호실 신세를 지는 아이들이 많았다. 여고시절 우리 학교 교장 선생님의 또 다른 이름은 마리아 선생님이었다. 아침 조회 훈시 말씀 때마다 "말이야"는 토씨처럼 항상 따라 붙었다.

"난 말이야. 도대체 그 머리가 맘에 안 든단 말이야. 교복은 또 왜 그렇게 단정치 못한가 말이야. 속상해 죽겠단 말이야. 모름지기 이 나라 여성의 미래를 짊어 지고 가야 할 여러분들이 이렇게 나태해선 안 된단 말이야. 정신들 차리란 말이야!"

세례명 조차도 '마리아'이신 선생님은 자그마한 키에 얼굴도 예쁜 동안이시고 항상 단정한 쪽머리에 검정치마와 흰 저고리 그리고 검정색 단화를 단정히 신고 다니셨다. 그녀는 또한 독신주의를 예찬하는 독실한 크리스천으로 항상 이 나라 여성 교육의 선각자로서 투철한 사명감을 갖고 계신 분이시기도 했다.

어느 날 지각을 한 나와 교문 앞에서 딱 마주쳤는데 그분은 내게 이렇게 말씀하셨다.

"자네는 집이 좀 먼가, 조금만 일찍 일어나면 안 되느냐 말이야."

그 이후에도 나는 개인적으로 여러 번 교내에서 교장 선생님과 마주치는 일이 일어났다. 우리 학교 뒷산엔 맑은 계곡물이 흐르고 있어 더운 여름날엔 쉬는 시간만 되면 아이들은 쪼르르 달려가 뒷산 계곡물에 발을 담그고 놀다가 계곡을 타고 흘러 내리는 물소리에 갇혀 이따금 수업종 소리를 놓치곤 했다. 내게도 그런 일은 빈번하게 일어났고 나와 같은 아이들을 다스리려 교장 선생님은 쉬는 시간 또는 점심시간이면 습관처럼 계곡 순찰을 하고 계셨다.

"참 너희들은 행운이야. 이렇게 물 좋고 공기 좋으니 우리 학교엔 미인들이 많지. 안 그런가 말이야."

문학 소녀같은 선생님은 수업종을 놓친 아이들을 크게 나무라는 대신 아이들과 섞여 이야기 하시는 걸 좋아하셨다. 어느 더운 여름날 학교 뒷 산 깊숙이 들어가 계곡물에 발을 담그고 홀로 독서삼매경에 빠져 있던 나는 또 다시 교장 선생님과 마주쳤다.

"아니 자넨 말이야, 또 수업종이 치는 소릴 못 들었는가? 여기서 책이나 읽고 있으니 말이야! 책은 교실에 가서 읽어야 하는 게 아니냐 그 말이야. 자넨 여기가 대학인 줄 아는가 말이야."

선생님과 나는 학생들이 모두 교실로 들어간 텅 빈 계곡을 함께 걸어 내려왔다. 마치 흠모하던 이성을 만난 듯 선생님을 대할 때 마다 내 마음은 사랑과 존경으로 가득 차 올랐다. 어쩌면 나는 의도적인 교장 선생님과의 만남을 위해 수업 종소리를 못 듣고 있었는지도 모른다. 근엄한 교장 선생님의 역할보다 사랑으로 제자들을 대하려 애쓰시던 선생님의 이야기 속엔 언제나 재치와 유머가 넘쳐 흐르고 해학의 신비로움조차 가득했다. 인문학에 관심이 많으셨으며 다분히 문학과 철학에도 조예가 깊으신 분이었다.

"자넨 작가가 되고 싶은 모양이야. 열심히 노력 해보게." 교장선생님이라기 보다는 자상하고 지혜로운 어머니 같은 분이셨다. 나는 졸업 후에도 추억 속의 그 많은 선생님들 중에 적어도 내겐 귀엽고 사랑스럽기 조차 했던 '말이야' 교장선생님을 많이도 그리워했다. 아마도 지금은 이 세상에 존재하지 않으실지도 모를 일이다.

오랜 시간들이 흐른 후 지금 나는 또 다른 교장선생님의 훈시 말씀을 경청하고 있다.

"차렷! 경롓! 위 학생은 품행이 단정하고 봉사 정신이 남 달라 어려운 친구를 돕는데 앞장서고…"

아침 조회 시간 교장 선생님이 한 학생을 단상 위로 올려놓고 시상식을 하고 있다. 교장 선생님의 목소리는 근엄하고 또렷하다. 교정 한 가운데를 가득 메운 학생들에게 격려의 박수도 유도한다.

그리고 또 다시 이어지는 긴 훈시의 말씀이 이번엔 불량한 학생들을 향해 조금 더 높아진 목소리로 꾸지람도 잊지 않으신다.

"여러분은 이 나라의 희망이며 횃불입니다. 절대 담배를 피워선 안돼요. 담배는 신체에도 유해할뿐더러 여러분의 높은 이상과 정신세계에 치명적인 상처를 안겨주고 끝내는 돌이킬 수 없는 질병을 발생시키며…"

"여러분! 수학 여행 잘 다녀 오셨지요? 느끼고 깨달은 것이 많아야 합니다. 낯선 곳에서의 사물 하나 하나에 대한 관찰력도 키워야 하고, 먼 훗날 학창 시절 수학 여행처럼 여러분의 삶 속에서 특별한 추억으로 남는 것도 없겠지요."

"도대체 너희들은 왜 선생님 말씀을 안 듣는거야. 집에선 또 부모님 말씀도 안 듣겠지! 정신차리고 똑바로들 하란 말이야!"

허허로운 바람이 텅 빈 교실을 휘감고 학교 운동장을 맴돌던 그 많은 아이들은 온데 간데없는 교정에서 나는 홀로 쓸쓸히 또 다른 교장선생님의 훈시를 듣고 있는 것이다. 긴 긴 겨울밤은 깊어만 가고 교장 선생님으로 퇴직한 지 어느새 여러 해가 지나가고 있는 그의 너무나도 생생한 잠꼬대는 나 혼자 듣기엔 참 으로 안타깝다.

때론 누군가를 심하게 야단치다가 스스로 놀라 깨기도 하고 방과 후 운동장에서 아이들과 축구공을 차다가 침대 밑으로 떨어지기도 한다. 아마도 한평생 몸 담았던 교정의 추억들이 주체할 수 없는 그리움으로 스스로를 옭아매고 있는 것 일게다. 결코 스스로 떠나오고 싶지 않았던 그의 또 다른 둥지는 밤마다 그의 수면 속에 나타나 그가 미처 챙기지 못한 제자들을 향한 아쉬움을 어루만지고 위로하고 있나보다. 긴 긴 겨울밤 아이들이 모두 떠나간 텅 빈 교정에 나 홀로 서서 오늘밤도 나는 교장 선생님의 훈시를 여전히 힘겹게 경청하고 있다.

"말이야! 정신차리고 똑바로들 하란 말이야"

아…, 그리운 마리아 선생님!

양희은 콘서트

나는 양희은 콘서트에 혼자 갔다. 남편과 함께 가고 싶었지만 그는 아예 바둑채널 46번을 틀어놓고 바둑을 두면 두었지 이런 쪽엔 관심조차 없고, 평소 내면의 벽을 허물듯 감성이 잘 맞물리던 Y에게 함께 갈 것을 슬쩍 권해보았으나 기분 나쁘지 않게 거절당했다. 매사에 정확하고 솔직한 그녀가 거절한 이유는 또한 분명하다. 이유인즉, 그녀의 목소리가 너무 무겁고 여전히 청바지 차림인 그의 40대가 마음에 안 든다는 것이다.

그렇다고 이미 50대인 그녀가 경쾌하고 발랄한 댄스뮤직을 좋아하는 것도 아니며, 등산을 할 때면 어김없이 청바지를 즐겨 입고 있으니 나는 그녀의 구차한 변명을 적당히 접어두고 정동 공연장을 찾는다. 하오의 덕수궁 돌담길을 혼자 거니는 맛도 꽤 그럴듯 하다. 서넛의 친구들과 중년의 부부들, 그리고 젊은 연인들의 운집(雲集)에 섞여 나는 차라리 혼자인 것이 즐겁다.

50이 가까운 나이에도 여전히 청바지를 즐겨 입는 그녀의 소탈함처럼 안내 표시 조차 너절하지 않아 애써 자존심을 부축이며 찾아든 공연장. 겨울 실바람에 추위를 느껴 훈훈한 실내를 연상했으나 어쩐지 을씨년스럽다.

"IMF, IMF 하지 않습니까? 그래서 난방 온도를 좀 낮추라고 했습니다. 여러분, 견딜만 하시죠?"

어쩔 수 없는 그녀의 유혹에 박수가 쏟아진다. 객석을 꽉 메운 관객들. 대개는 3-40대의 주부와 젊은 연인들이었으나 뜻밖에 수녀님들의 단체관람도 섞여 있다.

별다른 제스츄어조차 없는 바른 자세로 예전만큼 그다지 썩 잘 어울리지 않는 청바지와 티셔츠 차림으로 노랫말 한 자 한 자에 혼을 불어넣으며 그녀는 그녀의 묵직해진 몸무게만큼 힘있게 노래를 이어간다.

혼자 오길 잘했다. 동행이 없으니 하찮은 방해조차 받지 않고 나는 자유롭게 그녀의 노래와 노랫말에 빠져든다. 그녀는 노래하는 틈틈이 관객들과 자연스럽게 이야기를 한다.

"제 공연의 입장료가 비싸다고 생각되셨다면 여러분은 여기 오지 않으셨겠지요? IMF 시대가 되고 보니 제 공연을 보러 오는 사람이 줄어들까 걱정입니다."

그러나 그녀는 전혀 걱정하는 투의 음성이 아니다. 그녀의 말과 노래는 그녀의 영혼과 자존심을 대변해 주듯, 따뜻하고 부드러우며 당당하다. 무엇이 그녀를 저토록 강하게 만들었을까? 그녀는 내가 좋아하는, 그리고 특별한 계층이 좋아하는 70년대의 통기타 가수이기 이전에 한 사람의 도인(道人)과도 같았다. 내가 그녀의 생각을 귀로 듣듯이 그녀 또한 자신을 좋아하는 관객들의 느낌을 가슴으로 호흡한다.

'아침 이슬', '가을 편지', '친구', '늙은 군인의 노래' 그리고 '사랑, 그 쓸쓸함에 대하여' 등등…. 깊은 사색이 깃든 투명하고 힘찬 그의 음색이 어느덧 서늘하던 공연장을 열기로 꽉 채우고 일체감을 이룬 관객들의 침묵의 무게가 신비스러울 정도로 그녀의 무대를 찬란하게 빛낸다.

우리 다 함께 암울했던 시절, 그녀의 노래는 희망이기도 했다. 그러나 엉성한 풍요로움에 들떠 감각적인 것의 유혹에 약해져 버린 대중들의 빈약한 사색이 그녀의 무거운 노래에 다시 일상을 맡기고 싶지 않았을지도 모른다.

"여러분은 다시 서른 살로 돌아가면 무얼 하시겠습니까?"

서너곡의 노래를 연이어 열창하고 난 그녀가 구겨진 손수건을 바지 주머니에서 꺼내 이마의 땀을 닦아내며 관객을 향해 묻는다. 화장기 없는 얼굴에 해맑은 40대 수녀는 그녀의 물음에 조명이 비치자 지금까지 걸어온 길을 다시 걷겠노라고 조심스레 말을 건넨다. 중년의 어떤 남자는 아내인 듯한 여인과 나란히 앉아 낭만이 깃든 멋진 연애를 다시 해보고 싶다고도 이야기 한다. 관객과 그녀와의 대화는 참으로 자연스럽다.

나의 서른 살은 어떠했던가? 세 쌍둥이 같은 연년생의 아이들에 묻혀 하루하루가 다람쥐 쳇바퀴였던 나의 서른 살. 아이들이 빨리 자라기만 기다렸던 시기 였으니 굳이 그 전시(戰時)로 되돌아가고 싶은 마음은 없어진다.

그녀는 몇 사람 청중과의 대화를 끝내고 자신은 결코 서른 살로 되돌아가고 싶지 않다고 말한다. 나는 그녀와 의식의 공감대가 일치되었음이 순간 즐거웠다. 진지한 외로움과 값진 고독도 알게 되고, 영혼의 풍요로움과 관대함도 조금은 알게 된 중년의 나이를 진정으로 사랑하는 그녀의 모습은 참으로 당당하고 아름답다.

말의 억양이나 의미만큼이나 서로 다른 생각을 가진 사람들로 복잡하고 다양한 세상. 나는 그녀의 노래 속에서 죽어가는 노인의 신음 소리도 듣고, 막 탄생한 아기의 울음소리도 듣는다. 그녀가 병에 시달리는 남편을 위해 불렀다는 '상록수'는 영원한 동반자에게로 향한 애틋한 사랑을 느끼게 한다.

한 곡의 노래가 끝날 때마다 잔주름이 고운 수녀들의 눈가에 이슬이 맺히게 하는 힘은 그녀의 어디에서 비롯되는 것일까? 쉰의 나이를 향해 서 있는 자신이 너무도 대견하다는 그녀. 좀더 너그러움을 가질 수 있는 중년의 자신을 인식하며 활기찬 젊음을 갈무리하는 그녀의 목소리는 관대한 사랑으로 넘쳐 흐르는 듯 하다.

언제 들어도 아침 이슬 같은 해맑은 그녀의 소리들을 접으며 공연장을 빠져나온 나는 어느새 어둠이 깔린 덕수궁 뒷담길에서 또다시 그 옛날처럼 군밤장수를 만난다. 꺼져가는 연탄불에 추위를 달래며 돌담길 연인들의 추억을 따뜻하게 데워주던 60년대의 군밤 장수. 나의 낡은 코트 주머니에도 그가 건네준 따끈한 군밤 한 봉지가 어김없이 차가운 살갗을 녹여주곤 했었다.

하얀 눈이 유난히 많이 쏟아지던 그 오래 전 겨울에도 젊은 그녀는 또한 통기타를 메고 해맑은 목소리로 '아침 이슬'을 부르고 있었다. 요란한 자동차 경적음이 나의 젖은 상념을 깨우고 어둠이 내려앉은 돌담길을 혼자 걸으며 나는 비로소 혼자인 것에 지독한 한기를 느낀다.

- 1997년 가을에

신촌 블루스

세월은 늙어가도 자신만은 늘 젊음에 머물러 있다고
착각하며 살아가는 멋장이 그녀와의 데이트
겹겹이 쌓인 오래된 젊은 날의 추억들을 더듬어 찾아간 곳,
신촌의 여기, 또 저기

오래도록 버티기엔 너무 힘겨웠던 세월 속
기다림에 수척해진 혼돈의 길들만이
간간이 버티고 서서 아는 체 하는 여기, 또 저기
가난한 소설가 지망생이 접어 놓고 간
메모지를 읽으며 늘 기다림에 익숙해있던
삐그덕 계단 아래 빅토리아, 그리고 파리다방

한겨울의 햇살이 따뜻했던 창가에 앉아
창백하게 웃고 있던 오래전 젊음들이
오늘은 황혼조차 저문 거리에서
배시시 웃고 있다

한껏 머물지 못하고 잡지 못했던
아름다운 날들의 소홀함들이
다시 한번 재회를 청해 올 것만 같은 이곳에서
나는 이제야 비로소 완전한 이별을 시작한다

미니 스커트를 입고 늘씬한 각선미를 뽐내며
힘차게 육교를 오르내리던 멋장이 그녀도
끝내 글쟁이로 살아내지 못한 가난한 소설가 지망생도
어떤 흔적으로도 남아있지 않은
오래 전 이 거리에서 다시는 돌아오지 않을
옛 시절의 고뇌와 낭만에 젖어 함께
배시시 웃고 있다

여행

"때론 혼자 떠나오고 싶지 않으세요?"
모처럼의 여행길에서
혼자 떠나온 어떤 남자가 물었다
묻고 있는 그가 누구일지라도

나는
이런 대답밖엔 할 수 없을 것이다
함께 있어도 혼자 있어도
우린 늘 혼자일 뿐이라고

때마침 길위에서 만난
또 하나의 동행 비 바람이
건들거리며 스쳐간다
"나도 심심해서 바람을 몰고 다니잖아"

집 안에서도 집 밖에서도
처절하게 혼자인 사람들과 함께
나는 동행이 되었다

비바람이 사라지고
따뜻한 햇살이 잠시
길가에 내려와 앉았을때
그 남자는 또 내게 말을 건넸다
"사실 저는 마지막 여행을 떠나왔어요"

창백한 그의 얼굴에도
햇살이 엄마의 손길처럼 따뜻하게 내려앉고
비 바람에 흠뻑 젖은 강변의 갈대숲도
젖은 몸을 털고 일어나
또 다시 춤을 추기 시작한다

밥상

아침상 차려내고
먹는 이들의 아침을
거두어 내고

점심상 차려내고
점심 먹는 이들의 여유도
거두어 내고

저녁상 거두어내며
포만함에 웃음 짓는
그들의 건강한 생명도
조심스레 간직한다

비로서 안도하는 저녁 나절
까맣게 찾아드는 어둠에
나의 밥상과 마주한다

소금 발라구운 까만 김 한 장에
하얀 쌀밥 감추어 먹으며
오롯이 채우는 하루의 공복

아주 좁은 통로를 따라
아직도 고단한 여행 중인

내 영혼의 남루한 밥상

빈 방

혼자만의 사색이 힘겨워
세상 주변 서성이다가
여기 저기 울려대는
삐삐 소리에 놀라
다시 쫓겨 들어온
침묵의 놀이터

아직 한번도 가본 일 없는
빙하의 계곡과
열대의 수림들 불러 들이며
혼자 놀기에
아주 편안한 자리

한낮의 진동에 흔들리는
일상의 두려움을
거두어 드리고
안개의 바다에 주저앉는
물빛같은 생명체 하나

소요와 번뇌를 막아주는
내 영혼의 쉼터
혼자놀기에
아주 자유로운 공간

소금길 나들이

물러설 것 같지 않던 무덥고 긴 여름도 끝이 날 무렵, 나는 벼르고 벼르던 길을 찾아 나섰다. 2호선 전철을 타고 반시간이면 갈 수 있는 곳을 나는 40년 가까이 지난 후에야 뒤늦게 찾아 나선 것이다.

이대 앞에서 내려 행정구역으로 이화여자대학교가 있는 건너편 왼쪽은 서대문구, 그리고 오늘 내가 찾아온 오른쪽은 마포구에 속한다. 마포구 쪽으로 들어서며 낯익은 옛 지명들을 찾아 더듬었으나 버스 정류장 바로 옆에 있던 대흥동 염리동을 통틀어 오직 한 곳뿐이었던 대흥 빵집도, 추석이나 설날이면 길게 줄지어 명절맞이를 하느라 장사진을 이루던 그 맞은편의 대흥극장도 쉽게 눈에 들어오지 않는다.

막내 동생이 시멘트 바닥에 넘어져 터진 입술을 생으로 꿰매주던 남산의원도, 그 아랫길 아버지의 친구분이 소장님으로 근무 하신 덕에 이따금 밤 12시 통행금지에 걸려도 무사귀가가 보장됐던 추억속의 옛 대흥 파출소도 모두 사라지고 찾을 길이 없다.

큰 길 따라 내려가다 보면 갈래길 끝에 자리 잡고 있던 유난히 붉은 벽돌 담장이 길었던 한글학자 외솔 최현배 선생님 댁도 보이지 않는다. 정갈한 한복 차림으로 늘 집 앞에 나와 커다란 대나무 빗자루로 당신의 집 앞은 물론 동네 언저리 길목까지 깨끗이 청소하시던 선생님의 모습이 어른거린다.

우리말본의 창시자이신 외솔 선생님 댁을 끝으로 갈라진 왼편이 염리동이고 오른편이 대흥동이다. 선생님 댁은 동네에서 제일 큰 마당이 있어 그 시절에도 너른 마당엔 키 큰 나무들이 울창하게 숲을 이루고 있었다. 마을 사람들이 열린 대문으로 드나들며 외솔 선생과 허물없는 대화를 나누기도 했고 질문이 많은 어린 나의 막내 동생을 특별히 아끼시어 초등학교에 들어가기 전에 어려운 받침의 한글들을 자상하게 깨우쳐 주신 분이기도 하다.

이런 저런 옛 상념에 젖어 정겨웠던 옛길들을 더듬어 내려선 곳에 여기 저기 벌써 포크레인이 들어서 있는 어수선한 옛 집터가 보인다. 밝은 대낮인데도 사람의 그림자를 찾아 볼 수 없는 동네 어귀로 들어서자 온갖 잡풀들로 헝클어진 길가 풀숲에서 인기척에 놀랐는지 들고양이 한마리가 불쑥 튀어나와 절뚝거리며 내 앞을 스쳐가고 나는 섬짓 놀란 가슴을 쓸어내린다.

낯익은 골목길을 더듬어 올라가니 사람들이 떠나간 텅 빈 집들 사이로 들고양이들이 제 세상인 양 떼를 지어 돌아다니고 언덕 모서리 어느 집 담벼락 기둥엔 목줄에 묶인 개 한 마리가 사람의 인기척에 요란스럽게 짖어댄다.

요란스럽게 짖어대는 개가 버티고선 담벼락엔 섬뜩한 빨간색 페인트 글씨가 눈에 들어온다. 자세히 둘러보니 여기저기 선홍빛의 붉은 글자들이 을씨년스럽다.

"우리는 갈 곳이 없다. 여기가 내 집이다."

누군가의 간절한 절규가 들리는 듯 숙연해진다. 아마도 개가 묶여 있는 곳엔 아직 사람이 살고 있는지도 모르겠다. 어쩌면 재개발 철거지역에서 아직도 이주하지 못하고 버티고(?) 있는 가난한 세입자 주민들이 써놓은 생의 외침일 것이다.

다행히도 바뀐 주소 아래 옛 주소가 적힌 주소 푯말이 희미하게 남아있어 쉽게 오래전 나의 가족들이 살던 옛집을 찾을 수 있었다. 기억하고 있었던 것보다 훨씬 협소하고 남루했다. 역시 거의 철거가 이루어지고 있는 빈집이었다. 우리가족이 이곳을 떠난 이후 아마도 여러 가족들이 이곳을 거쳐 갔으리라.

아버지의 경제적 실패로 종로 일번지 서촌을 떠나 마치 낙향하듯 이주해온 이곳 염리동에서의 생활은 그 시절 70년대 우리가족에겐 많은 고난과 시련을 안겨 주기도 했지만, 더불어 따뜻한 추억들도 함께 존재했던 곳이다.

살아오는 동안 힘든 일이 있을 때나 돌아가신 부모님이 그리울 때마다 생각나 찾아오고 싶었던 곳. 나의 젊음이 고뇌하던 시절, 지금처럼 흩어진 가족 없이 여덟 식구가 한데 어우러져 살던 어머니의 품속같은 옛집이 있던 염리동이다.

구수한 된장찌개 냄새가 비위를 건드린다. 어느 집에선가 비릿한 생선 굽는 냄새도 나고 칼칼한 나물무침의 양념 냄새도 코끝을 간지른다. 저녁나절 두 사람이 들어서서 걷기에도 불편한 좁은 골목엔 서로 마주보며 한 울타리처럼 살아가던 이웃들이 서로 만든 반찬들을 나누어 먹으며 한 가족처럼 어려움을 이겨내기도 했다.

골목 어귀에 한잔 술에 볼이 발그레 해지신 나의 아버지가 조금 흔들리는 걸음으로 골목으로 들어서신다. 아버지의 손엔 어김없이 누우런 센베이 과자 봉투가 들려 있었다. 약주가 조금 과하신 날엔 아버지의 노래 소리도 어김없이 골목 어귀에 울려 퍼진다. "아아~, 신라의 밤이여!" 혹은 "오 솔레 미오"같은 이태리 민요도 곧잘 청아한 음성으로 부르신다.

두 사람이 마주 걸어 들어오면 피하기도 어려웠던 염리동 34번지. 둘째 동생이 다니던 숭문중고등학교 담장을 끼고 맞은편 언덕길로 들어서면 골목입구에 구멍가게가 하나 있었다. 주로 담배와 아이들의 군것질꺼리. 그리고 콩나물이나 두부같은 것을 팔고 있던 그 곳은 동네의 사랑방이기도 했다. 할머니는 늘 그곳에 앉아계셨다. 한 울타리 안에서 옹기종기 살아내던 그 오래전 옛집 골목에서 그리운 이웃들의 모습이 튀어 나올 것 만 같다.

가족 모두가 갑자기 찾아온 어려운 시련들을 함께 이겨내려 애쓰며 살아온 옛집이 이제 영원히 사라지고 거대한 아파트 단지가 들어선다는 재개발 소식에 미루고 또 미루어 두었던 게으른 나의 발길이 움직였다.

'소금길'이라고도 불리는 '염리동(鹽里洞)'은 전라도 신안 앞바다에서 생산한 소금을 서해안 바닷길인 강화만을 따라 임진강을 지나서 마포나루를 통해 가져와 염리동에 모여 살던 소금장수들이 소금창고가 있는 염창동으로 실어 날랐다 하여 탄생된 이름이라고 한다. 오밀 조밀 높고 낮은 지층위에 지어진 아담한 주택들이 서로 지붕을 맞대고 붙어있어 더욱 서민적이던 동네 소금길 염리동의 옛 모습은 이제 우리 가족들의 다사다난했던 추억들을 남긴 채 역사 속으로 그 모습이 사라지게 되었다.

바람처럼 사라진 인생의 전반부를 더듬어 불현듯 석양이 기운 나이에 그 추억을 찾아 염리동에 온 나는 오래전 내 스스로 방패막이가 되어 견고하게 쳐 놓았던 울타리가 사라진 집터를 바라보며 지독한 그리움에 가슴을 쓸어내릴 뿐이다.

어렵고 힘들었던 시절, 갑자기 변한 환경 속에 그늘진 가족들의 얼굴에 마음의 여유와 웃음을 되찾아 주려고 애쓰며 살았던 애잔한 기억들이 고스란히 담겨 있는 내 젊은 날의 염리동.

폐허가 된 소금길 염리동을 되돌아 나오는 어수선한 길목에 한줄기 선선한 초가을 바람이 촉촉이 젖어 있는 나의 야윈 마음을 다독이며 스쳐간다.

동행

내 안에 깊이 자리 잡은 누군가가 조용히 나의 우울한 마음 곁으로 다가옵니다. 그리고 그는 내 손을 꼭 잡습니다. 차가운 내손이 그의 따뜻한 손에 잡힙니다. 나는 혼자가 아닌 누군가와 함께 길을 걷습니다. 두 사람이 걸어가는 가을 강변에 코스모스가 군락을 이루며 하늘거립니다. 젊은 아빠와 어린 아들이 자전거를 타고 두 사람 곁을 스쳐갑니다.

늘 혼자라고 생각했던 나는, 그래서 너무 외롭고 쓸쓸하다고 생각했던 나는 내 안에 누군가가 늘 함께 있었다는 것을 알게 됩니다. 내안의 누군가는 나의 우울한 마음속에 숨어 함께 살며 시를 씁니다. 내가 우울하지 않도록 위로하고 달래주고 힘을 주는 멋진 시를 씁니다. 나는 그 시를 읽으며 많이 위로를 받습니다. 가던 길을 자꾸 멈추려하는 나를 바람이 흔들어댑니다.

오늘도 아이들의 밥상을 차리며 자꾸 나이 들어가는 할머니는 힘이 듭니다. 부엌에 오래 서 있으니 무릎도 아프고 허리도 아픕니다. 그러나 아이들의 엄마 아빠가 모두 직장에서 늦게 오니 어쩔 수 없습니다. 맛있게 먹어줄 아이들을 생각하며 나는 정성을 다합니다.

예쁘게 차려진 밥상 앞에 예쁜 아이들이 앉아 맛있게 밥을 먹습니다. 생선이며 나물이며 가리지 않고 할머니가 정성껏 차린 음식들을 골고루 잘 먹습니다. 갓난 아기때 만난 아기들이 어느새 한 해 한 해 자라서 일곱 살 여덟 살이 되었습니다.

한 해 한 해 늘어가는 그들만의 고운 언어로 자꾸만 늙어가는 할머니에게 때때로 감동의 인사도 할 줄 아는 참 신기한 아이들입니다. 올해 여덟 살이 되어 학교에 들어간 쌍둥이 손자들은 이따금 할머니의 밥상에 대한 예의도 깍듯합니다.

"역시 할머니가 만든 음식이 최고야! 미역국도 떡국도 할머니가 해준 게 제일 맛있어!"

할머니인 나는 녀석들의 칭찬에 우쭐해지며 아프던 다리도 허리도 더 이상 아프지 않습니다. 세 아이들이 깨끗이 비워낸 밥그릇을 바라보며 나는 또 다시 기운을 얻습니다.

밥상을 물린 아이들이 또 다시 나를 찾습니다. "할머니. 옛날이야기 해 주세요."

이번에는 일곱 살 예쁜 손녀가 영롱한 눈빛으로 나의 손을 이끌며 재촉을 합니다.

"다 해버려서 더 해줄 이야기가 없는 걸."

"에이 그래도 또 해줘. 돼지도둑 이야기, 그리고 망태 할아버지 이야기, 그리고 육이오때 이야기."

아이들은 육이오도 압니다. 아이들이 말귀를 알아듣기 시작할 무렵부터 몇 해나 우려먹은 이야기를 아이들은 자꾸만 되풀이 하라고 말합니다. 아이들은 또 압니다. 같은 이야기인데도 할머니가 다시 할 때마다 조금씩 이야기가 달라 진다는 것을. 실제로 내 어린 날의 기억 속에 또렷이 남아있는 돼지도둑 이야기는 한여름 장맛비가 억수로 쏟아지는 틈을 타 우리집 돼지우리 안의 새끼 돼지 한 마리를 훔쳐간 돼지 도둑의 이야기인데, 어느새 그때 잃어버린 돼지는 열두 마리가 되었습니다.

나의 어린 날 기억 속에 또렷하게 각인되어 있는 몇 가지 이야기들을 아이들에게 들려주노라면 그 이야기 속으로 나도 함께 빠져 들어 갑니다. 그리고 그 오래전 이야기들은 자꾸만 자꾸만 내 안에서 길어집니다. 시골에서 할머니와 단 둘이 살던 나의 어린 날엔 무섭기만한 일들이었는데 아이들에게 전달하다보니 슬프기도 하고 재미있기도 하고 무섭기도 한 이야기가 되어 버렸습니다.

재미, 슬픔, 조금의 무서움. 이 세 가지 요소는 나의 옛날 이야기 속에서 결코 빠져서는 안됩니다. 아이들도 다 알고 있습니다. 이 세 가지 중 한 가지 요소가 빈약해도 아이들은 나의 이야기를 재미없어 합니다. 아이들은 이제 점점 똑똑해 져서 할머니의 이야기가 지루할 때도 되었는데 아마도 할머니를 보고 있노라면 그 이야기들이 자꾸만 듣고 싶어지는 모양입니다.

옛날 이야기가 끝나고 동화책을 읽어달라는 일곱 살 손녀가 말합니다.

"할머니, 동화책을 시처럼 읽지 말고 이야기처럼 재미있게 읽어줘!"

천천히 읽어주니 시처럼 읽어 재미없다고 합니다. 시처럼 읽지 말라니 놀라운 표현 입니다. 시는 천천히 읽어야 된다는 걸 어찌 알았는지 알 수 없습니다. 나는 또 다시 어린 손녀의 부탁대로 빠르고 재미있게 동화책을 읽으려 애를 씁니다. 사실 책을 소리 내어 오래 읽는 일도 이제 힘이 듭니다. 그러나 어느새 이야기 속으로 깊이 빠져 들어가는 아이들을 보며 나는 자꾸만 힘을 냅니다

내 안의 시인이 말합니다. "시처럼 읽지 말고 재미있게 읽어줘!"

나는 생각합니다. 이 아이들이 커서 늘 밥상을 차려주고 이야기책을 읽어주던 할머니를 기억하지 못한다고 해도 괜찮습니다. 지금 이 시간들 속에 할머니와 어린 손주 들이 함께 있으면 그만입니다. 나는 이 아이들 곁에 조금 더 오래 남아 나의 어린 손녀딸이 아직은 좋아하지 않는 시인의 느린 마음도 차츰 심어주고 싶습니다.

어느새 새근새근 잠이 든 아이들 모습이 정말 예쁩니다. 가을날 곱고 여린 코스모스를 닮았습니다. 나의 마음도 어느새 선선한 가을 바람을 타고 아이들과 함께 코스모스로 피어납니다. 내안에 숨어있던 누군가가 다가와 잠든 아이들을 바라보고 있는 나의 어깨에 슬며시 손을 얹습니다.

"시처럼 읽지 말고 재미있게 읽어줘."

이별 그 무심함에 대하여

"얘, 그냥 알고만 있어, 연숙이가 끝내 갔어!"

한 분 밖에 남지 않은 막내 고모에게서 전화가 왔다. 저녁 장을 보러 가던 길, 노상에서 받은 전화는 그냥 먹먹할 뿐이다. 그 애가 가다니, 나는 그 애를 자주 만나지 못했을 뿐더러 거의 그 애의 면면에 대해서도 아는바가 없다. 얼마 전 결코 가볍지 않은 병으로 마지막을 힘들게 견뎌내고 있다는 암울한 소식을 들었을 뿐이다. 그러니 넋이 나가있을 그 애의 남은 가족들에게 어찌 조의를 표해야 하는지도 갈피가 잡히지 않는다.

불쌍한 그 애는 갔는데 누구에게 위로의 말을 전한단 말인가, 살아 남은자의 슬픔이 더 크다고 누군가 그렇게 말했다 해도 혹여 그것이 맞는 말이라 해도 나는 자주 만난 일이 없는 그 아이 외의 남은 가족들에게 해줄 말이 마땅히 떠오르지 않는다.

그러나 오래전 인형처럼 맑은 눈빛의 아기였던, 아버지를 일찍 여의고 고생을 많이 한 그 애가 지금쯤은 더욱 잘 살아주길 마음속으로 기원했다. 가던 길을 접고 잠시 멈춰 서서 올려다 본 시월 중순께의 하늘은 검은 구름 한 점 없이 해맑다. 그 애의 마음씨가 하도 고와 이렇게 낯선 길 떠나는 날이 맑고 청아한 것 같다.

나는 마음속으로 그 애의 명복을 빌어주었다. '그래, 이제야 그토록 보고 싶던 아버지를 만나겠구나.' 아주 어렸을 때 젊은 아버지를 잃고 어머니와 두 남자 형제들과 많은 고생을 하며 살아온 그 애가 늘 그리워했던 건 아버지가 아니었을까, 아버지에 대한 기억이 있기나 한 것일까?

'영생이 있다면 넌 아마도 그렇게 보고 싶던 아버지를 만날 수 있을거야' 나는 점점 그 애의 죽음이 슬픔보다는 평온함, 안타까움보다는 휴식처럼 느껴져 마음이 조금씩 가벼워지기 시작했다.

우리 집안은 할아버지가 거느린 여러 분의 할머니들로 인해 가족 구성원이 꽤 복잡하다. 그러나 나는 아주 어렸을 때부터 각기 할머니가 다른 네 분의 고모와 두 분의 숙부님들을 내 아버지의 한줄기 친형제들로 알고 있을 만큼 친근하게 지냈다. 그리고 거의 서른 명에 가까운 그분들 소생의 사촌들과도 비교적 잘 지내고 있었다.

고모님 한 분과 두 분의 숙부님은 충남 보령에 터를 잡고 사셨음으로 나는 중학교 때부터 방학이 되면 그곳에 있는 고모님댁, 숙부님댁 그리고 외갓집들을 순회하며 사촌들과 여름방학을 함께 보내곤 했다. 아이들도 어른들도 우리가 내려가면 모두 친절하게 대해주었음으로 나는 그들이 모두 내 아버지의 친동생들이라고 생각했던 것이고 또 어찌 해석하면 맞는 말이기도 하다.

술을 좋아하는 삼촌을 사람들이 좋아했는지 싫어했는지는 알 수 없지만 나는 특별히 막내숙부와 친했다. 그분이 결혼한 후에도 나는 숙부대신 삼촌이라 불렀다. 한번은 학교 갔다 오는 길에 만난 삼촌이 말했다.

"야, 술이 마시고 싶은데 술 동무가 없어 너만 기다렸다. 우리 중국집가자. 넌 자장면, 난 빼갈, 조금만 마실게. 절대 아버지한테 얘기하지마."

그가 좋아했던 술로 인해 식구들을 많이 힘들게 했던 삼촌은 서른여섯의 젊은 나이에 어린 삼남매를 두고 세상과 이별하였다. 삼촌이 보령에 내려가 내게 보내온 마지막 편지는 그와 마치 친구처럼 지내왔던 나를 많이도 슬프게 했다.

"너 시집 갈 때까지 만이라도 살고 싶었는데…"

역시 지나친 음주로 인한 간경화였다. 아이들을 좋아하고 우스갯소리 잘하는 삼촌을 나는 많이도 따르고 좋아했지만 소문난 애주가였던 삼촌은 지독한 술과의 인연을 끝내 끊지 못했다. 나는 인물 좋은 그를 말론 브란도라 부르며 좋아했고 주머니에 돈만 생기면 술을 마시던 삼촌이 내게는 이따금 용돈도

쥐어 주었다.

그때 삼촌의 아이들은 모두 서너 살 안팎에 있는 어린아이들이어서 막내 숙모가 지금까지 살아온 이야기는 눈물 없인 듣기 어렵다.

삼촌의 하나뿐인 딸인 그 애는 아버지를 많이 닮아 눈이 크고 예뻤다. 마음씨가 고와 지금껏 고생하는 홀어머니와 두 명의 남자형제들을 많이 보살피며 살아 왔다고 한다.

보령으로 내려간 이후 거의 만나기 힘들었던 그 애의 소식을 나보다 더 가까이 소식을 듣고 지내던 막내 고모가 이따금 전해 주었다. 나는 어린 날 서울 집 이웃에서 한동안 가까이 지내던 눈이 큰 아이 연숙이를 기억할 뿐이다. 재작년 잠시 보령에 내려갔을 때 막내 숙모와 함께 그 애 집에서 점심을 대접받았을 때만 해도 어려운 고비들을 많이 넘기고 결혼하여 이제는 생활의 안정을 찾아 잘 살고 있는 모습이 보기 좋았다. 아직은 엄마그늘이 많이 필요한 그 애의 아이들이 안타깝다.

나는 근래에 너무도 뜻밖의 이별을 많이 했다. 어머니가 돌아가신 이후로 세상을 다 잃은 것 같던 내가 많이 위로받고 의지하고 마음으로 기대던 세분의 고모님과 이모님, 그리고 또 다른 사촌 여동생과 남동생, 이런 가까운 가족들의 잦은 이별 소식에 이제 나는 점점 무기력해지고 무심해져 가는 스스로에게 흠칫 놀라기도 한다. 가족이라는 이름으로 엮여있는 그들에게 먼저 다가가 좀 더 살갑게 지내오지 못한 그 많은 지나가 버린 날들이 도리깨를 친다.

삶이란 무엇인가, 먹고 자고 생각하고 말하고 움직이는 모든 삶의 의도적인 동작들로부터 우리는 조금은 더 착해지고 순해져야 하지 않을까? 내가 아닌 누군가를 돌아보고 다독여 줄 마음의 따뜻함이 없이 하루하루가 너무나 인색하고, 무심하게 달아나는 나날들, 종내는 점점 비어 가고 있는 곳간을 보는 것처럼 두려워 진다.

"무궁화 꽃이 피었습니다. 하나, 둘, 셋!"

줄줄이 따라오다 멈춰 서던 아이들, 탱자나무 울타리 아래 그리운 얼굴들이 점점 멀어져 간다. 어린 시절 한솥밥을 먹으며 깔깔거리던 그 많은 아이들은 다 어디로 갔을까?

일상

도림천 다리
난간 모퉁이에
한 남자가
신문지를 편다

빗방울이 후두둑
떨어지기 시작하고
웅크리고 누운
그 남자는
미동도 없다

정의(正義)

그가 울고 있다

늦은 밤 홀로 쓸쓸히 집으로 향해 발길을 옮기며
오늘 또 하루 스스로를 혹사시킨 정의로움에 대하여
아무런 위로도 받지 못한 채 그가 울고 있다
그의 눈물은 너무 오래도록 갈라진 채 방치된
도시의 아스팔트 균열된 바닥의 진흙 속에 고여 있어
차라리 피눈물처럼 진하고 끈적거린다

누구를 위한 정의로움인가
그 지고지순함과 아름다움에 예찬하려해도
힘껏 격려하며 포옹하려 해도 구석에 쭈그리고 앉아
늘 홀로 울고 있는 그대

바닥을 치고 또 치고 솟아올라도 그는 늘 힘에 겨워
장맛비 쏟아지는 어두운 저녁 창가에 고여 드는 빗물에 섞여
또 다시 굳건하게 닫힌 외로움에 속울음을 씻어낸다

세상은 온통 외로움으로 떠다니는 조각배처럼
끝이 안 보이는 저 먼 바다를 향해 쉼 없는 항해를 하고
한낱 작은 사물인 어떤 빛이 반짝이며 환호를 받을지
종내는 바닷물에 잔잔하게 출렁이며 부시도록 흩어지는 햇발처럼
찬란하고 견고하게 빛나는 생의 정의로 인해

지쳐 떠나온 먼 고향 바닷가에 잠시 닻을 내린 그의 상심(傷心)이
잔잔한 파도와 고운 모래결의 입맞춤에 비로소 미소 짓는다

할머니의 떡 목판

무거운 떡 목판을 이고 남대문 시장 안을 누비시던 나의 할머니. 흰 고무신을 깨끗이 닦아 신으시고 한복을 정갈하게 차려 입으시고 누하동 집에서 남대문 시장까지 떡 목판을 이고 걸어 다니시던 할머니.

온 가족의 만류에도 할머니는 단 하루도 빠짐없이 남대문 시장까지 걸어가시고 걸어서 집으로 돌아 오셨다. 종로구 누하동에서 세종로를 지나 시청을 거쳐 남대문까지는 꽤나 먼 거리였다. 하루하루 할머니의 떡 목판에는 여러 종류의 떡들이 쌓여가고 시장 안을 누비며 온종일 그 많은 떡들을 다 팔아야만 집으로 돌아 오셨다.

우리 집엔 아무도 할머니를 말릴 수 있는 사람이 없었다. 어린 날에 할머니와 시골집에 단 둘이 살았던 나는 그나마 할머니에게 직언과 지청구를 할 수 있는 유일한 존재이기도 했다.

차를 탈줄 모르시는 할머니의 두 다리는 그렇게 고된 나날의 행군 속에 드디어 탈이 나고 절뚝거리며 이른 아침 집을 나서는 할머니를 온 가족이 만류하였으나 할머니의 특별하고 고된 일과는 좀처럼 멈춰지지 않았다.

도심의 긴 길들을 걸어 다니시며 할머니는 어쩌면 고향으로 향한 그리움을 잊으려 애쓰셨는지도 모른다. 부농의 종갓집 맏며느리로 살아오시며 할아버지가 일찍 돌아가시자 고향마을의 많은 전답들을 손수 소작농으로 관리하시며 고향집을 지키셨다.

일찍 서울에 정착하시어 내무 공무원이 되신 아버지와 함께 사실 수 없었던 할머니는 맏손녀인 나와 함께 충청도 한내 마을 고향집을 지키고 사셨다. 할머니의 말동무로 시골집에 남겨 졌던 내가 열 살 되던 해 학교 문제로 서울 부모님 댁으로 상경하게 되자 혼자 사시기 어려우셨던 할머니는 고향마을의 전답을 모두 정리하여 서울로 뒤따라 오시면서 비로소 온 가족과 합류하게 되었다.

농촌생활에 익숙해 있던 할머니는 서울생활에 몹시 답답해 하셨고 매일 동네 어귀 잡화점에 나가 동네사람들과 이야기를 나누며 서울 생활에 적응해 가시느라 애쓰셨다. 주로 쌀과 연탄 그리고 여러 가지 부식들과 아이들 군것질꺼리들을 파는 잡화점이었으므로 그 가게 앞 평상엔 늘 동네의 낯익은 어른들이 둘러앉아 이런 저런 이야기들로 한가한 시간들을 보내고 있었다. 그 잡화상점은 거의 동네

주민 모두의 거래처라고 해도 과언이 아니었다. 고향마을의 이웃들이 그리운 마음을 할머니는 그렇게 동네사람들과 친근해지며 잊으려 애쓰셨는지 모른다.

할머니가 그 잡화상점에 마실나가시기 시작하신 얼마 후부터 인상 좋은(?) 잡화상점 주인인 중년의 남자는 우리 집을 드나들기 시작했고 할머니를 어머니라 부르며 자신의 상점에 있는 쌀이며 각종 찬거리 그리고 아이들이 좋아하는 군것질거리까지 배달하기 시작했다.

우리식구 모두는 그 남자의 언행이 의아했으나 자신은 부모 없이 자란 고아라 하며 할머니를 양 어머니로 모시고 싶다고 했다. 양어머니로 모시고 싶은 마음은 이해가 되었으나 어머니는 주식이며 부식꺼리들을 나르는 그의 속셈에 의문을 갖고 있던 중 할머니가 고향집의 전답을 처분한 꽤 많은 재산을 은행이 아닌 그에게 맡겨 놓은 것을 알게 되었다.

은행보다 이율을 높이 계산해 주겠다는 그의 말에 그렇게 했노라 말씀하시는 할머니에게 아버지께서는 회수하여 은행에 맡기시라 권하였으나 할머니는 끝내 받아들이지 않으셨다. '어머니, 어머니'하며 물량공세까지 펴는 그의 너스레에 쉽게 매료되신 것이다.

그러던 어느 날 늘 습관처럼 아침 식사를 하시고 가게에 나가시던 할머니가 창백한 얼굴이 되어 집으로 들어오셨다. 그 남자의 가게가 문이 닫혀있어 집으로 찾아가니 밤새 어디론가 이사를 해 버렸다는 것이었다. 후에 알게된 일이지만 그에게 은행보다 높은 이율로 인해 돈을 맡긴 동네 사람은 할머니

뿐이 아니었다. 주민등록이 돼 있지 않았던 그 시절 50년대 후반은 사람 찾는 일도 쉬운 일이 아니었다.

한동안 식음을 전폐하고 누워 계시던 할머니가 어느 날 불현듯 자리를 털고 일어 나시어 밖으로 나가시기 시작하셨고 우리식구들은 뜻밖에 쉽게 원기를 찾으신 할머니를 다행으로 여기며 이제 더 이상 할머니에겐 재산이 없으니 또 누군가에게 당하는 일은 없으리라 안심했다. 동네 새로 생긴 가게에 또 마실 삼아 나가시려니 하고 있었을 뿐이었다.

한동안 시간이 흐르고 이웃에 살던 친지가 남대문시장에서 떡을 팔고 있는 할머니를 보았다고 알려 왔을 때만 해도 우리 가족들은 그런 사실들을 쉽게 믿지 못했다.

할머니의 하나 밖에 없는 독자(獨子)로써 효심이 깊으셨던 아버지께서는 상상할 수도 없었던 할머니의 행위에 놀라움을 금치 못하시며 그만두시라 극구 만류하심은 물론 떡 목판을 할머니 앞에서 부수기까지 하셨지만 할머니의 뜻밖의 일상은 좀처럼 바뀌지 않았다. 절대로 하지 않겠다고 약속하셨으나 아버지가 목판을 부수거나 감출 때 마다 어딘가에 새 목판을 장만해 놓으시곤 그 일을 계속하셨던 것이다.

미처 산업이 발달하지 않아 남자들이 일을 할 만한 직업군이 별로 없었던 그 시절 50년대 후반, 6·25전쟁이 끝난지 얼마 지나지 않은 그 시절은 대부분의 가장들이 직장 구하기 어려워 여인들이 생계를 꾸려가는 집들이 많았다. 모두들 어려운 시절, 내무공무원이신 아버지 덕분에 우리 집은 비교적 넉넉한 편에 속했다.

고향에 다시 집을 마련해 드릴 테니 내려가 계시라 해도 소용없는 일이었다. 할머니께서는 스스로의 어리석은 판단으로 잃어버린 꽤 많은 당신의 재산을 그렇게라도 해서 다시 채워 놓아야만 된다고 생각하셨던 것이다.

아버지도 어머니도 결국 할머니의 고집을 이기지 못하셨고 할머니의 떡 목판은 늘 우리 집에선 해결하지 않으면 안되는 어려운 문제로 겉돌고 있었다. 할머니는 팔다가 남겨온 떡을 나에게 먹이시며 언제나 부엌문을 걸어 잠그셨다. 할머니와 나는 늘 분리된 또 다른 가족 관계를 형성하고 있었다.

"어서 먹어라, 동생들 들어오기 전에."

할머니의 떡 목판에 남겨진 떡들을 눈물로 삼키며 나는 속울음을 많이도 함께 삼켰다. 제대로 먹을 수 없는 그 떡들을 동생들에게 나누어 먹이면서 나는 어린 마음에도 할머니와 함께 다시 한내마을로 돌아가고 싶은 마음이 간절했다. 그렇게 해야만 할머니의 서울에서의 특별한 일상들이 끝날 것 같았다.

그렇게 남대문 시장 상인들에게 떡을 팔아 차곡차곡 모아놓으신 당신만의 재산이 얼마였는지 우리 식구는 아무도 알 길이 없었다. 화폐 개혁이 되던 해(1962년) 어머니는 할머니께 새로운 화폐로 교환할 것을 권하셨으나 애당초 은행조차 믿지 않으셨던 할머니는 끝내 당신만의 비밀 자산을 가족들에게 공개하지도,

당신 스스로 은행에 가서 바꾸지도 않으셨다.

"돈이면 다 똑같은 돈이지 바꾸긴 왜 바꿔." 식구들 누구도 알 수 없는 할머니만이 알고 있는 꽤 오랫동안의 할머니의 고된 노동의 댓가들은 할머니의 무거운 떡 목판위에서 그렇게 온통 바람과 함께 사라 진 낙엽이었다. 할머니는 아마도 그렇게 돈을 모아 당신으로 인해 사라진 고향 마을의 전답(田畓)을 다시 찾으려 하셨을 것이다.

내 어린 시절의 할머니는 늘 나에게 눈물이고 슬픔이었다.
그리운 나의 할머니.

불씨 하나

연탄불이 꺼지면 식구들이 얼마나 추울까 조바심을 치며 종종 걸음을 치던 날들이 있었다. 새끼줄에 연탄 한 장씩 꿰어 들고 오는 일이 너무나 싫었다. 그러나 서로 아랫목 차지하려는 개구쟁이 동생들의 차디찬 발가락을 떠올리며 나는 잘도 견뎌냈다. 이웃집 남학생의 눈을 피해 어둠이 내린 후에야 연탄 한 장을 사러 가게로 갔다.

제 때 시간을 못 맞추어 꺼뜨린 불씨를 살려내느라 많은 고생을 했다. 집안에 있는 귀한 신문지를 모두 태우고 나서야 간신히 불씨를 살려내고 나면 머리며 얼굴이 온통 그을음으로 새카맸다. 한참 사춘기의 내 자존심을 지켜내는 일은 그렇게 힘이 들었다.

그래도 그 연탄 한 장으로 쩔쩔 끓는 아랫목에 곰실거리는 발가락을 부벼대며 서로 얼기설기 잠들어 있는 동생들을 보고 있노라면 마치 무슨 큰일이나 해낸 듯 스스로가 대견했다.

삼십여년이 지난 세월 저편의 추억이라고 하기엔 너무나 선명하게 그려져 있는 가난한 날의 소중한 그림이다. 부끄러운 마음에 애써 피해 다니던 까까머리 이웃집 남학생도 그 가난하던 날들의 추억 한 컷 실루엣으로 어른거릴 뿐이다.

혼자만의 방이란 상상조차 어려웠던 시절, 많은 식구가 한방에서 끈끈했던 가난 속의 결집력 같은 것이 없었다면 아마도 새삼 꺼져가는 연탄불 같은 것을 그리워할 궁상같은 것은 없을 것이다. 그러나 지금 그 시절의 연탄 한 장은 때때로 나를 참 많이도 울린다.

내겐 자랑스럽기만 하던 동생이 넷이나 있다. 그중 한 동생이 이제 와 생각하니 별 것도 아닌 일이 불씨가 되어 나로부터 멀어져 갔다. 어느새 동생을 못 만난 지가 몇 해가 흘러갔다.

어린 시절, 늘 해바라기처럼 환하게 웃고 다니던 그 아이의 아름다웠던 영혼에 자꾸만 쌓여가는 상처들이 걱정된다. 연탄 한 장을 사 들고 어둠을 타고 다니던 누나와 서로 아랫목 차지하려 짓궂게 다투며 웃어대던 삼형제. 그 아이도 어쩌면 나와 같이 그 오래 전 동화 속에 살아가며 다시 돌아올 수 없는 그 아름답던 시절들을 많이 그리워하고 있으리라.

인생이라는 이름의 특별한 여행에서 우리는 언제든 다시 만날 수 있다. 삶의 끝자락엔 남루한 모습으로 제각기 홀로 떠나는 새로운 여행이 기다리고 있기 때문이다. 사랑하는 사람들끼리도 생이별을 하고 뒤늦게야 애절하게 그리워하는 어리석음으로 인해 우리는 언제나 때늦은 후회를 하게 된다.

사랑하는 동생들과 소중한 사람들에게 끝내 따뜻한 불씨가 되어주지 못한 나의 부족했던 사랑에 용서를 구한다. 이제 연탄 같은 것을 사러 갈 일도 없고 불씨가 죽을까 걱정할 일도 없다. 새삼 그 시절의 꺼져가던 연탄불을 그리워 한다는 것은, 산동네 비탈길을 오르내리며 연탄 한 장의 새끼줄에 소중한 사랑을 꿰어 들고 다니던 어린 소녀가 아직 살아있기 때문이다.

무덥고 지루한 여름이 끝나간다. 머지않아 찬 바람이 불어올 것이다. 나는 이제 연탄 한 장의 불씨가 다시는 꺼지지 않도록 상처 입은 아이들을 불러 모아 사랑의 불씨를 서로 가슴에 담고 함께 모여 허리가 끊어지도록 실컷 웃어보려 한다.

겨울밤

개구쟁이 삼형제 치열한 자리다툼
손바닥만한 아랫목 서로 차지하려
추운 겨울 밤

한 장의 연탄이 서늘히 꺼져가도
아이들은 꿈결에도 제 영토를 지킨다
추운 겨울 밤
바깥엔 흰눈이 싸락싸락 내리고
밤새도록 흰눈이 싸락싸락 내리고

할아버지의 사랑방
질 화로에 숨어있던
불씨 하나 밤 새
아이들이 잃어버린
고구마가 익는다

바깥엔 흰눈이 싸락싸락 내리고
밤새도록 흰눈이 싸락싸락 내리고

한가위 단상

　　이번 추석에는 반드시 여행을 떠나리라. 무더위가 푹푹 사람을 찜통으로 달구던 지난 여름부터 다짐하고 작정을 했건만 결국 나는 또 다시 제자리에 주저앉고 말았다. 이번 추석에는 대가족 밥상 차리느라 몸 고생 하지 말고 제발 여행이라도 떠나서 편히 쉬다 오라며 여기저기 여행사 프로그램을 뒤적이던 큰 아이의 손길을 중지시키고 나는 또다시 장바구니를 들고 마트와 시장통을 헤매고 다닌다.

　　집안청소, 장보기, 밥하기, 어느 집에서든 누군가는 매일 되풀이하지 않으면 안되는 소소한 일상일 뿐인데 지난 수 십년 동안 마치 내게만 맡겨진 것 같았던 이런 일들이 이제는 점점 감당하기 힘든 하기 싫은 일로 다가오기 시작한 것이다.

아마도 나이 탓, 세월 탓이리라. 작년 다르고 올해 다르다는 옛 어른들의 말씀처럼 해가 바뀔수록 점점 건강이 마음처럼 따라주지 않으니 어쩌면 당연한 일인지도 모른다.

추석 당일엔 나는 나대로 시댁 모임에 가고 딸들은 각자 시댁 가족들과 시부모님 성묘에 참석하느라 바쁘다. 그리고 그 다음날이 되면 어김없이 큰누나집이라고 찾아오는 친정 동생들과 조카들, 그리고 출가한 딸 사위들과 손자들이 모두 내 집에 모이니 나의 명절나기는 언제나 힘들게 밥상을 차려내는 일일 뿐이다.

하루 온종일 조리대 앞에 서 있으려니 다리는 물론 어깨며 허리, 안 아픈 곳이 없지만 체념과 사랑의 갈래길을 분주히 드나들며 나는 명절 때 마다 내 집을 찾는 귀한 나의 가족들을 위해 상차림에 정성을 기울인다. 명절 때 마다 음식 준비에 힘든 어미의 모습을 눈치 챈 큰아이가 이번 추석엔 집을 비우고 여행을 떠나라고 권유했던 것인데 내 마음은 여전히 나의 밥상을 기다리는(?) 가족들 생각으로 주저앉아 버린 것이다. 이렇게 가족들이 한자리에 모이는 한가위 추석이 되면 안타깝게도 기억 속에서 자꾸만 희미해져가는 내 어머니의 빈자리가 더욱 간절해진다.

어머니생전, 지금의 내 나이 즈음에도 어머니는 몇날 며칠 동안을 명절 차례음식 준비에 바쁘셨다. 추석이나 설 명절이 되면 어머니는 벌써 달포 전부터 명절 차례에 쓸 한과며 약과 등을 만드시느라 그 더운 여름에도 방바닥에 군불을 넣어 찹쌀을 말리시고 재래 다석판에 약과도 찍어 내셨다. 차례음식 하나하나 온 정성을 기울이시는 어머니의 손길은 마치 어떤 의식을 치르는 듯 때론 경건하기까지 했다.

열나흘 보름달 아래 큰 마루 대청에 앉아 밤새도록 햅쌀 송편을 빚으시며 추석 명절에 찾아와 맛있게 먹어줄 자식들 생각 뿐이셨던 것이다. 아버지 일찍 보내시고 홀로 지내시며 오로지 자식들을 향한 그 마음 안에 어찌 외로움과 고통이 없으셨을까. 밤톨만 하게 밤새 빚어내신 삼색 송편에 윤기 흐르게 참기름을 발라 적당히 식혀놓으면 떡이라곤 입에 대지도 않던 어린 손주들이 덥석 덥석 맛있게 먹는 모습을 보시고 온갖 시름을 견뎌 내셨을 어머니. 명절 차례상에, 자식들의 밥상에, 솜씨 좋은 내 어머니는 늘 음식들을 예술작품을 빚어내듯 사랑과 정성으로 만들어 내신 것이다.

종갓집 맏며느리로 시집오신 스무 살, 청대추 같은 꽃다운 시절부터 남다른 특별한 솜씨로 온갖 음식들을 만들어 대소사를 치르시고 자식들 입을 호강 시키시던 내 어머니. 당신만의 탁월한 살림 솜씨들을 유독 맏딸인 내게 전수 시키려 애쓰시던 어머니와 집안일 보다는 여자도 학문을 갈고 닦아 명예를 얻어야 한다는 나의 반항은 늘 앙숙처럼 부딪혀 마찰을 일으켰다.

누군가는 완벽하게 해내야 하는 집안의 대소사도 학문만큼 중요하다고 생각하신 어머니는 늘 맏이인 내가 당신의 가르침을 흔쾌히 받아들여 주기를 원하셨던 것이다. 한가위 추석엔 많은 친지들이 차례를 위해 종가 집에 모여드니 늘 큰 행사를 치르듯 끊임없이 음식을 만들어 내시던 솜씨 좋은 내 어머니가 어린 시절 나의 마음엔 늘 안타깝기만 했던 것이다.

나의 때늦은 통한과 절규에도 아랑곳없이 불현듯 내 곁을 영영 떠나신 어머니. 한동안 눈물이 마를 새 없던 나는 어머니에게로 향한 불효를 상쇄시키기라도 하듯 뒤늦게 어머니의 흉내를 내려 애쓰며 살아간다. 엄마를 도와주겠다고 명절 음식들을 아무 그릇에나 함부로 담아내는 딸들 나름의 호의 조차 거절한 채 자신만의 방식을 고수하는 나를 보고, 딸들은 할머니와 똑같다고 수군거리며 제 어미 흉을 보기 시작한다. 내가 오래전에 어머니께 하던 모습들을 이제 내 딸들이 똑같이 하고 있다는 생각에 피식 웃음이 나온다.

집안의 대소사가 있을 때 마다 특별한 음식들을 명품으로 차려 내시어 찾아온 일가친지(一家親知)들을 놀라게 하시던 내 어머니. 아무리 잘 해내려 애써도 지금의 내 모습은 어머니의 그림자에도 닿을 수 없을 만큼 초라하기만 할 뿐이다. 그럼에도 나는 또 어머니의 흉내를 내며 내 곁에 있는 나의 딸들에게 쉴 새 없이 잔소리를 해 보지만 아이들 역시 어머니의 이야기를 귓전으로 흘려듣던 젊은 날의 내 모습을 닮았다.

어미가 만들어준 명절음식 몇 가지씩을 챙겨들고 제 집으로 돌아가는 아이들을 배웅하고 홀로 돌아서는 늦은 저녁, 무심히 올려다 본 밤하늘에 휘영청 밝은 보름달이 생전의 당당하시던 어머니의 모습인양, 명절나기의 고단함으로 휘청거리는 내게 따뜻한 위로를 보낸다.

"애썼다. 잘했어!" 많이 약해진 나는 어느새 시큰한 가슴 한가득 눈물샘이 차오른다. "내년추석엔 꼭 여행을 떠나야지."

인생 - 동화 속 어느 하루

엄마 아빠와 캠핑 다녀온 여덟살 손자 녀석이 감기에 걸려 기침을 한다. 감기에 자주걸려 고생하던 유년기 손주들을 지켜보며 늘 안타까워 하던 할머니인 나는 버릇처럼 또 쓸데없는 소리를 한다.

"캠핑 다녀오면 꼭 감기에 걸리잖아, 그러게 왜 걸핏하면 캠핑을 가냐구?"

할머니가 계속 궁시렁 거리며 걱정을 하자 기침을 심하게 하던 손자 녀석이 갑자기 할머니 가슴 팍을 툭 치며 정색을 한다.

"할머니 사람이 왜 사는 줄 알아?"

"왜 사는데?"

"재미있게 살려고 하는거야, 그러니까 재밌게 살아야지, 재미 있으니까 캠핑 가는 거라구."

결국 감기쯤은 캠핑에서 가져다주는 재미와는 비교할 수 없다는 어린녀석의 '긍정이론'이다. 아직도 나에겐 유년기 어린 아이들로만 보이는 녀석들이 어느새 나름대로 삶의 정의를 내리고 있다니 그저 놀라울 뿐이다. 평생을 바른생각 바른판단을 하며 살아왔다고 생각하던 구시대 할머니인 나는 어린 손자의 단호한 한마디에 할말을 잃는다. 무엇이든 다 알고 있는 것 같은 어른들, 때론 아이들에게서 새롭게 배울 내용들이 많다는 걸 느끼는 순간이다.(여덟살 시훈과의 대화중)

같은 날 오후. 막내딸 생일상을 차리며 분주한 나는 엄마 생일에 늘 촛불켜고 노래하며 박수치면서 환호하던 유아기의 아이들이 예닐곱살쯤 되면서 부터는 촛불이니 케익등 놀이에 별 흥미를 못 느끼는 같다고 생각해 엄마 생일 선물로 케익을 준비하자는 아이들의 이야기에 또 끼어 들었다.

"너희들 케익 잘 안먹잖아! 엄마도 그렇고, 그 돈으로 다른 선물을 하면 어떨까?"

세상에 태어나면서 부터 할머니 밥을 먹고 자란 아이들은 정말 너무나 달콤한 생일케익 같은걸 거의 잘 안먹는 토종(?)식성들 이라고 할머니인 나는 단정짓고 있었다. 그래서 모처럼 할머니의 실속있는 의견이라 생각하고 내놓은 말이었는데 이번엔 준혁이 녀석이 나를 빤히 바라보며 쌍둥이 형제인 시훈과 똑같이 단호한 말투로 이견을 말한다.

"할머니! 할머니는 왜 우리 엄마 마음을 마음대로 조정하려고 해? 엄마는 케익 선물 받고 싶을지도 모르는데!"

"엄마 마음을 내가 왜 몰라, 엄마는 이 할머니 딸인데."

어린 손주들의 뜻밖의 반격(?)에 당혹감을 느끼며 나도 어물쩡 반론을 펴긴 했지만 뒷맛이 영 개운치 않다.

할머니의 마음은 시대변화와 그 시대마다 새로워지는 아이들의 정서에 동행하기 어렵다. 어린 시절 생일날에나 먹던 고기 미역국과 새 옷 한벌의 생일날에 익숙해있던 할머니 세대에 쓸데없는 지출로만 여겨지는 것들도 이 시대 아이들에겐 커다란 즐거움 중 하나이며 절대적인것 일 수도 있는 것이다.

한동안 감기에 걸려 고생 하더라도 주말이면 탁 트인 바닷가나 산야에 텐트를 치고 냇가에 들어가 물고기도 잡고 물놀이 삼매경에 빠지는 것이 벌집같은 아파트에 살며 마음껏 뛰지도 소리 지르지도 못하는 요즘의 아이들에게 답답한 도시생활을 잠시 벗어나는 자유로움이자 위안이 아닐까? 어린시절 해질녘까지 동네 친구들과 시골 들판에서 마음껏 뛰놀며 자란 내가 잠시 잊고 있었던 소소한 미안함이다.

어머니가 특별히 차려 주셨던 생일상 미역국, 감히 다른 선물은 상상도 못했던 우리 세대의 어린 날에도 생일케익은 있었다는 것을 잠시 잊고 지낸 나의 불찰로 빚어진 어느날 여덟살 쌍둥이 손주들과의 일상적 대화에서 이미 노인이 된 나는 걱정많은 할머니가 되어 어린 손주 녀석들에게 곧잘 엉뚱한 공격을 받기도 한다.

낙조

너무 오래된 기억 속에
아직도 서성이는 그림자
늦가을 수북히 쌓인
낙엽베고 혼자누워
단풍들지 않은 하늘
무상의 빛에 놀란다

사랑하는 그대여
빛과 그림자 안에
언제나 님은 머물고
타오르는 영혼으로
다시 윤기나는 반쪽
티없이 차가운
순백의 그 언저리

붉게 내려앉는 석양
미세한 바람결에
떨어지는 낙조
반쯤 눈감은
공허한 그대 얼굴에
슬픈 입맞춤

세월이 가도
흐르지 않는 이 날에
아직도 머물고 있는 기쁨
너무 오래된 기억으로도
나의 고단한 나날들은
위로 받을 수 있기 때문

우리가 죽어도 바다는 출렁이고
산들은 장엄하게 서 있고
낙엽 쌓인 가을은
한 백년 쯤 여기에
그의 생애로 남아있다

교차로

한동안 가물었던 하늘에서 봄비가 내린다. 어린이 집에서 돌아와 할머니의 밥상을 기다리고 있을 어린 손자들을 위해 저녁 장을 보고 마트에서 나오니 비가 후두둑 소리를 내며 제법 쏟아지기 시작했다. 우산을 사러 다시 마트로 들어가 볼까 잠시 망설이다가 목에 두른 머플러를 풀어 우산 대신 머리에 쓰고 빠른 걸음으로 걷기 시작한다.

길 건너 집까지 그다지 먼 길이 아님에도 집에 들어서니 옷은 흠뻑 젖었다. 빗물을 닦아내고 어두워진 실내에 불을 밝히고 부지런히 저녁 준비를 한다. 혼자 있는 텅 빈 집안의 적막을 걷어내려 부엌에 있는 라디오도 켠다.

때마침 FM방송에서 흘러나오는 'I Can't Stop Loving You(by Ray Charles)'.

이따금 추억의 팝송으로 귓가에 들려오는 노래이긴 하지만 오늘따라 레이 찰스의 감미로운 목소리가 식구들의 저녁준비로 바쁜 무거운 몸과 마음을 잠시 뭉클하게 휘감는다.

불현듯 너무 오랫 동안 잊고 지냈던 그 노래의 또 다른 주인공의 모습이 아련히 떠오르고 내 마음은 마침 내린 빗물에 흥건히 젖어 잠시 추억에 젖어 든다. 한 폭의 수채화 같은 아름다운 내 젊은 날의 추억이다.

60년대 그 아름다운 시절에 내 집 창가에 다가와 'I Can't Stop Loving You'를 부르던 사람. 그는 6·25 동란 중 함흥에서 교편을 잡고 계시던 큰 아버지 가족을 따라 얼떨결에 월남하여 가족과 헤어져 고아 아닌 고아가 되었으나 큰아버지와 그의 사촌형제들의 도움으로 이곳에 와서도 외톨이가 되지 않고 멋진 청년이 되어 있었다. 목소리가 좋은 그는 노래도 썩 잘 불렀다. 그는 우리 집과 한 울타리 안에 살던 그의 큰집에 자주 드나들었고 자연스럽게 우리 식구 들과도 마주치게 되었다. 어느 날 그는 내게 데이트 신청을 했다.

나는 큰집의 여러 형제들 틈에 섞여 어딘지 모르게 늘 외로움에 젖어있는 그에게 연민이 갔고 쉽게 가까워졌다. 우린 이대 앞의 '빅토리아', '파리', 그리고 역 앞의 '은파', '독수리'까지 신촌 일대의 음악다방을 휩쓸고 다녔다. 그 시절 그와 나의 취미는 음악 감상이었다. 듣고 싶은 음악을 뮤직박스 안의 디제이에게 쪽지로 써내고, 때론 두 서너 곡의 신청곡이 끝날 때까지 한 잔의 쓴 커피를 앞에 놓고 정지된 시간들을 채우고 있었다. 한동안 계속되던 그와 나의 비밀데이트는 학보사 일을 보던 그가 우편으로 보내주기 시작한 '연세춘추'로 인해 세상에 드러났다.

직계가족이 없다는 이유로 어머니는 그와의 만남을 달갑게 여기지 않았으나 그가 재학 중 육군에 입대한 후에도 우리는 부지런히 서신 왕래를 하며 아름다운 추억의 시간들을 만들어 갔다. 그의 군 복무가 끝나갈 무렵 어머니의 반대보다도 더 큰 장애물이 우리들의 이별을 예고하며 나타나기 시작했다.

우리들의 만남을 잘 모르고 있던 그의 사촌형이 내게 뜻밖의 데이트 신청을 한 것이다. 소설가 지망생답게 200자 원고지 열 장에 정갈한 필체로 또박또박 써내려간 그의 서면 프로포즈로 인해 나는 그들 의좋은 사촌 형제들로부터 떠나기로 결심했다.

그와 함께 추억을 만들며 거닐었던 신촌의 이 골목 저 골목, 수십년의 세월이 흘렀어도 그 길들의 흔적들은 아직도 지난 시절들의 빛바랜 흑백사진처럼 남아 있다. 버스를 타고 스쳐갈 때마다 그 오래된 교외선 신촌역사 앞에 얼마 전까지 변함없는 60년대의 모습으로 마지막 잎새인 양 남아 걸려있던 추억 속의 낡은 간판 '은파'는 늘 무심한 세월 속에 잊혀져가는 그 시절을 일깨우며 내 마음을 다독이기도 했다.

젊은 날의 추억들은 이제 나의 오래된 기억 속에서도 점점 희미해져 가고 있지만 청아하고도 슬프게 까지 들렸던 그의 노래 'I Can't Stop Loving You'는 오늘처럼 이렇게 창밖에 빗물이 툭툭 떨어지는 날엔 단단한 일상 속의 나를 맥없이 흔들어 놓고야 만다.

"할머니!"

2남 1녀 손자들의 합창소리가 경쾌하다. 어린이집에서 들이닥치는 손자들로 인해 잠시 타임머신 속에 주저앉아 있던 내 상념은 황망히 젖은 추억을 털어내고 내 손은 정신없이 아이들의 밥상 차리기에 바쁘다.

나는 과연 어떤 할머니로 이 천사같은 아이들의 먼 훗날 인생 속에서 추억으로 남아서 떠돌게 될까? 요즘의 나는 뒤늦게 만난 짝사랑인 손자들에게 오래전 첫사랑 연인에게처럼 잘 보이려고 애를 많이 쓴다. 여러가지 목소리로 동화책도 읽어 주고 창작 이야기도 만들어 들려주고 있노라면 아이들의 눈은 온통 신비한 세상에서 반짝거리고 마음은 호기심으로 가득차 미지의 세상 속을 날아다닌다.

삶은 가혹하리만큼 우리 모두에게 아름다운 젊은 날의 추억으로부터, 그리고 나날의 일상 속에서 미완인 채로 우리가 결코 원치 않는 생의 종점을 향해 속수무책으로 멀어져 간다.

이따금 번잡한 도시를 떠나 잠시 나무들이 울창한 초록의 숲을 바라보고 있노라면 인생은 온통 지나간 날들의 추억과 그리움으로 그 견고한 외로움에 먹먹해진다. 이제 고단한 나날의 삶도, 그 틈새를 비집고 실없이 찾아드는 지나간 날들의 추억들도, 조금씩 덜어내며 일상의 무게로부터 가벼워지고 싶다.

더러는 나를 많이 힘들게도 하지만, 나는 뒤늦게 찾아온 나의 너무나도 사랑스러운 어린 손자들에게 먼 훗날 그들의 추억 속에서 떠올리기만 해도 마음이 따뜻해지고 위안이 되는 할머니로 남고 싶다.

트로트 시절

　　TV를 켜면 온통 트로트trot 세상이다. '코로나 19'라는 바이러스로 외출을 꺼리고 집안에서만 생활하게 된 사람들이 많아지고 있는 이때, TV방송 오디션 트로트 경연대회에서 찾아낸 트로트 가수들로 인해 사람들은 그들의 노래를 들으며 온종일 집안에 갇혀 생활하는 지루함도 잊고 우울해지기 쉬운 마음들도 달랜다고 한다.

　　화려한 조명을 받으며 설레는 마음으로 무대에 서는 그들이나, 그들의 노래를 들으며 때론 울먹이고 때론 소리 내어 크게 웃으며 환호하는 시청자들이나 서로 위로하고 위로받는 건 마찬가지이다. 그들도, 듣는 사람들도 서로가 서로를 위로하며 살아가는 시간들이 점점 길어진다.

코로나 바이러스가 세계를 휩쓸고 많은 사람들이 안타깝게 하루 하루 전염병의 공포와 싸워야 하는 어려운 상황에 처해 있는 이때, 우리나라도 많은 환자들을 치료하고 살려내려 노력하는 의료진들이 있다. 한 사람의 코로나 환자라도 살리기 위해 몸을 아끼지 않고 희생적인 모습으로 밤낮으로 애쓰고 있는 그들에게도 우리 국민들은 커다란 위로와 박수를 잊지 말아야 할 것이다.

우리나라는 다른 어떤 선진국보다도 대처를 잘하고 있다고 외신을 통해서 한국의 모범적인 코로나 대처 방법이 무엇인지 배우려 하고 칭찬받게 된 것은 아마도 예부터 단결력이 강하고 예의와 질서, 그리고 배려심이 강한 우리 민족성 덕분일 것이다.

새삼 이 나라 국민임이 다행이고 자랑스럽게 느껴지고 있는 이때, 트로트 가수들의 노래로 사람들이 위로받고 있다는 사실 또한 이 나라 국민이기에 가능한 일인 것 같다. 트로트라는 대중가요는 우리 민족만이 만들어 낼 수 있는 독특한 한의 정서가 담긴 노래이다. 오랜 역사 속에서 침략을 많이 당하고 혹독한 전쟁도 치른 우리 민족 특유의 한 맺힌 사연들은 그 어떤 소설 속에서 보다 우리의 전통가요인 트로트 속에 고스란히 담겨져 있기도 하다.

차분한 클래식 음악이나 서정적인 우리 가곡들을 좋아하던 나도 어느새 그들, 한 서린 전통가요를 부르는 새로운 가수들에게 푹 빠져들고 있었다. 열네살 소년 정동원이 부르는 '보릿고개', '희망가'는 듣는 사람들의 심장을 잠시 멎게도 한다. 아무래도 이 어여쁜 아이는 하늘에서 내려온 천사인 것 같다.

세상을 살아가노라면 우리는 늘 현실의 벽에 부딪힌다. 대중가요가 아니면 그나마 먹고살기 힘든 가수들의 속사정이다. 몇 안되는 인지도가 높은 성악가들이나 정통가요 가수들이 아닌 대다수의 무명 가수(?)들이 평생 노래만으로 살아가기를 원할 때 그들의 도전은 허무하기도 할 것이다.

오랜 무명생활 끝에 TV 오디션을 통해 빛을 본 그들은 대단한 실력자이기도 하지만 대단한 행운아이기도 하다. 그들의 등 뒤엔 미처 빛을 보지 못하고 탈락한, 애써 눈물을 감추고 있는 선택 받지 못한 채 또다시 좌절하는, 노래하고 싶은 젊은이들이 너무나 많다.

방송의 힘이 그들 몇몇 젊은이들을 우뚝 서게 했고 시청자들이 그들을 선택했다. 아마도 그들은 평생 감사한 마음으로 살아가리라. 임영웅, 영탁, 이찬원, 김희재, 정동원 그리고 나이의 무게가 힘겨워 보여 나도 시청자 투표에 한 표를 던져준 장민호까지.

그들 여섯 명의 새로운 트로트 스타들은 각자 무지개색으로 시시때때로 TV에 나타나 좀처럼 사라지지 않는 코로나로 인해 우울감에 시달리는 사람들을 위로하고, 마치 먼 고향 바다의 출렁이는 물결 따라 반짝이는 햇살처럼 많은 사람들의 가슴에 각자 영롱하게 스며들고 있다. 한동안 그들 아름다운 젊은이 들은 이런 저런 이유로 지쳐있는 사람들에게 존재만으로도 커다란 위안이 될 것 같다.

그들의 뒤를 이어 마치 신비주의자인듯 좀처럼 대중 앞에 얼굴을 내밀지 않던 트로트 계의 거물 나훈아가 모습을 드러냈다. 그는 코로나가 시작될 무렵부터 국민들을 위로하기 위한 무료 콘서트를 준비했다고 한다.

무게감 있는 모습으로 2020년 한가위 명절에 함께 모이지 못한 대부분의 가족들을 위로하며 특별한 그만의 멋진 무대를 선물했다. 그의 생김새나 사생활을 거론하며 그를 별로 좋아하지 않는 사람들도 일흔 네 살의 노장투혼을 보이며 젊은이 못지않게 긴 시간 동안 무대를 장악해내는 그의 초인적인 능력에 빠져들었다.

대부분 그가 스스로 작사, 작곡한 그의 노래들은 저마다의 애환을 안고 살아가는 대다수의 많은 서민들의 가슴을 파고들며 뭉클하게 한다. 그의 음색과 노랫말들은 슬프기도 하고 참 따뜻하기도 하다.

일 년에 한차례 뿐인 그의 콘서트를 만나기 위해 단 몇 분만에 인터넷으로 매진되어 버리고 마는 로또 당첨만큼이나 어렵다는 티켓을 딸아이가 잠을 설쳐가며 구해준 덕분에 나는 그의 공연을 두 차례나 볼 수 있는 행운을 운이 좋게 얻을 수 있었다.

클래식 관람처럼 관객들이 조용히 박수 갈채로만 화답하는 공연이 아니어서 극성 팬들로 인해 조금 소요스럽긴 했지만 두시간반이라는 긴 시간동안 어떤 젊은이들보다 힘차게 홀로 무대를 장악하고 빛나게 하는 것을 보며 나는 그가 '대중 속의 영웅'이라 해도 손색이 없을 것 같다는 생각까지 들었다.

우리의 삶에 노래가 없다면 삭막하기 이를 데 없을 것이다. 전쟁이나 전염병같은 어려움들을 겪어내며 살아가야 하는 우리 인간들의 삶 속에 보편적인 위로가 되어줄 수 있는 것은 무엇일까? 국민들을 향한 한 나라의 대통령의 연설이나 몇몇 철학자들의 명강의보다 사람들의 마음속 깊이 스며들어 공감대를 이루고 위로가 되는 것은 혹여 대중가요가 아닐까?

한 사람의 대중가요 가수에 불과한 그가 감히 그리스의 철학자 소크라테스에게 '테스형!'이라고 익살스럽게 노랫말을 만들어 부르며 '도대체 우리의 삶이 왜 이렇게 힘드냐'고 묻고 대답하기도 하고 역사 속의 어떤 왕이나 대통령도 결코 백성이나 국민들을 위해 목숨을 바친 사람은 없다며 안중근 의사나 유관순 열사 같은 위인들에 빗대어 사리사욕에 사로잡힌 위정자들을 슬그머니 나무라기도 하는 여유있는 모습 속엔 그가 노래한 세월 속에 쌓여있던 평범을 벗어난 가치관과 연약한 수혜자들인 국민을 대변한 속시원한 그만의 철학도 한 번쯤은 대중 앞에 이야기하고 싶었던 모양이다.

그는 핵무기로 세상을 위협하고 있는 북한 김정은의 평양방문공연 초청도 거절했고, 돈으로 권력을 행사하고 있는 어느 대기업 회장의 생일 초대 공연도 '자신의 노래를 듣고 싶으면 일반인들과 함께 공연장에 와서 보라'고 거절했다고 한다. 새삼 그의 소신과 담대함이 엿보이는 이야기이기도 하다.

그는 어떤 사람으로 훗날 남고 싶냐고 묻는 팔순의 노장 김동건 아나운서의 질문에 그냥 노래하는 사람으로만 남고 싶다고 말하며 일흔네살의 나이에도 더 좋은 노랫말과 목소리를 위해 끊임없이 소리 연습을 하고 책을 읽으며 노랫말 공부를 한다고 말한다.

어떤 일이든 쉽게 포기하고 살아온 시간들 속에 그와 동시대를 함께 살아온 나의 모습을 보며 새삼 부끄럽기 끝이 없다.

"♬~생각이 난다. 홍시가 열리면, 울 엄마가 생각이 난다. 눈이 오면 눈 맞을세라, 비가 오면 비 맞을세라 홍시가 열리면, 울 엄마가 그리워진다~♪"

그의 노래 '홍시'를 들으면 나는 부모 형제와 떨어져 한내마을 시골집에서 할머니와 단 둘이 외롭게 살던 어린 시절이 몹시도 그리워진다.

달리 먹을 것이 별로 없던 시절, 덜 익은 단감을 볏짚에 삭혀 항아리에 묻어놓고 겨우내 어린 손녀의 간식으로 배를 채워 주시던 나의 할머니, 그리고 그의 노래 "코스모스 피어있는 정든 고향역~♪ 이쁜이 곱분이 모두 나와 반겨 주겠지"를 듣고 있노라면 열 살의 어린 나이에 고향 마을의 할머니와 어린 날의 정든 친구들을 떠나 홀로 겁 없이 부모 형제가 있는 서울행 장항선 완행열차에 오를 때 눈물을 흘리며 어린 나를 배웅해 주던 고향역의 소꿉 친구들의 정겨운 모습들도 아른거려 콧날이 시큰해진다.

혜순이, 정님이, 양희, 춘희. 지금쯤 아마도 그들도 어디선가 트로트를 들으며 따뜻하던 어린 시절을 그리워하고 노을진 세월 앞에 먹먹해지는 가슴을 다독이면서 조용히 늙어가고 있으리라.

그 바람소리

언제나 서걱거리는 바람 소리에 잠이 깨곤 했다. 삼신 할머니께 축원하는 할머니의 수런거림과 어우러져 대나무 숲에 이는 바람은 언제나 정겨운 속삭임으로 내 유년의 아침 잠을 깨운다.

눈 비비며 뒤란으로 나가보면 할머니가 이른 새벽 첫 두레로 퍼올린 샘물 한 사발이 장독대 앞에 정갈하게 놓여 있고 밤 사이 제 몸 부딪기며 떨구어 낸 어린 대나무 잎들이 할머니의 정한수 위에 꽃잎처럼 떨어져 있다. 나는 습관처럼 그 물을 마시고 그 신선하고 경건한 만남으로 하루를 시작한다.

함박꽃이 탐스럽게 피어있고 나팔꽃이 야트막한 담장을 타고 오르고 하얀 박꽃이 흰 눈 서리처럼 뽀얗게 내려 앉은 초가집. 석류나무, 감나무가 탱자

나무와 더불어 안마당을 울타리 삼아 든든하게 버티고 서 있던 그 집엔 할머니와 단 둘이 살아가는 어린 계집아이가 있었다.

석탄가루가 뽀얗게 날리던 웅천 간이역. 큰 다리 건너 산모퉁이를 휘돌아 힘겨운 기적 소리를 쏟아내며 들어서는 장항선 완행열차에서 중절모에 신사복을 쫙 빼입은 멋쟁이 아버지가 내려서면 내내 입 다물고 외로움에 익숙해져 있던 아이는 금방 얼굴이 환해지고 가슴은 두근거리고 이집 저집 발 먼지를 일으키며 동네 아이들을 불러 모으기 바쁘다.

일 년에 서너번 서울에서 아버지가 내려오시는 날이면 한가족 같은 동네 사람들은 마치 바다 건너 다른 세상 같은 아버지의 서울 이야기에 밤새 모기에 뜯기는 줄도 모르고, 나는 아버지가 한아름 사들고 오신 선물 보따리를 푸느라 아이들과 뜬 눈으로 밤을 새워도 즐겁다. 이런 날 밤이면 초롱초롱 빛나는 한 여름 밤하늘의 별들도 제 스스로 호기심에 못이겨 모두 내 집 안마당으로 쏟아져 내린다.

아버지는 내무공무원 시험에 합격하여 우리 마을에서 처음으로 서울로 입성하신 분이셨다. 겨우 하루나 이틀쯤 아버지가 머물다 가신 고향집엔 또 다시 할머니와 단둘이 남겨진 어린 계집 아이 혼자 남아 적막이 흐르고 툇마루에 긴 목을 치켜 올리며 함께 밥을 먹는 덩치 큰 검둥이와 홰를 치는 늙은 장닭들과 우리 안의 돼지들, 그리고 외양간의 어린 송아지와 한 식구가 되어 유년의 하루 또 하루를 엮어간다.

이따금 낯익은 집 구렁이가 게으름을 피우며 느린 동작으로 토담 사이로 또아리를 틀며 사라지고, 울창한 뒷산의 대나무 숲을 타고 내려온 여우가 그림자를 드리우며 어스름 달 밤에 적막에 겨운 내 집 안마당을 서성이다 사라진다.

밤새 억수로 쏟아진 장대비 사이로 흔적없이 사라진 돼지들과 뒷산 무덤가를 내 집 삼아 떠돌던 망태 할아범에게 쫓겨 얌전이네 반공호로 우르르 숨어들던 아이들의 공포와, 참외, 수박 서리하던 개구장이 오라버니들, 망보다 잡혀 춘희 할아버지에게 억울하게 볼기 맞던 일. 어렵고 힘든 일이 있을 때마다 신앙처럼 찾고 싶었던 오래전 나의 집. 아버지가 온종일 타고 오시던 기차가 서 너 시간 만에 나를 그 곳에 내려 놓았다.

채송화가 영악하게 피어 있는 간이 역사 선로변 아래 면경처럼 맑은 시냇물은 유난히 수줍음 많던 오래전 한 계집아이의 귀향에 작은 포물선을 일으키고, 강산이 서너번은 바뀐 후 어렵게 찾아든 고향집은 끔찍한 그리움 속의 공간보다 많이 왜소한 모습으로 옛 주인을 맞아 주었다.

그러나 할머니의 구정물 냄새 시큼한 무명 앞치마에 식욕을 일으키며 킁킁거리던 돼지들도 돌아와 있고 외양간의 송아지도 그대로 있다. 할머니가 두고 온 툇마루의 뒤주도 그대로 너른 대청 한 켠에 오랜 세월의 너울을 쓴 채 옛 주인을 반기며 서러움에 울음을 쏟아 내는 것 같았다. 할머니와 내가 떠난 이후 종친(宗親) 중 한분이 수십 년을 관리해 오면서 우리가 두고 온 살림 중 몇가지도 아직 그대로 남아있었던 것이다. 내 또래의 집주인은 할머니도 나도 모두 기억하고 있었다.

"시어머니께서 이집을 할머니께 물려 받으신 후 손댄 곳 하나 없이 지금껏 그대로에요. 할아버지께서 워낙 집을 튼튼하게 지으셨다고 하더군요."

이 집을 지어놓고 내가 태어나기도 전에 돌아가셨다는 할아버지 이야기에 가슴이 먹먹해지고, 옛 집터가 조금도 변함없이 그대로 보존되어 있음에 놀라움과 감동으로 한여름 뜨거운 햇살에 나는 잠시 휘청거렸다.

"이 집 제게 돌려주실 수 없나요?"

무심코 툭 튀어나온 말에 오래전 옛 주인을 반갑게 맞이하던 또래의 여인은 뜻밖에도 인심 좋은 얼굴로 나의 무례함을 덮어 주었다.

"저도 자식들이 다 도시로 떠나 적적한데 내려와 그냥 함께 사시지요."

그녀의 넉넉한 말 대접에 기운을 얻어 꿈결에도 흔들리던 뒤꼍 대나무 숲으로 돌아 들어갔다. 오랜 세월 그대로의 무성한 대나무 숲 울타리가 많은 것을 잃고 주름진 얼굴로 옛집을 찾아온 오래전 계집아이를 반기고, 항상 정갈한 매무새로 정한수에 두 손 모으고 하루도 빠짐없이 가족들의 무사 평안을 기원하던 할머니의 모습도 그 곳에 그대로 있다. 한 점 바람결이 세월의 무게로 휘청거리며 눈시울을 적시는 초라한 옛 주인을 못 본 채 울창한 대나무 숲을 흔들며 지나간다.

바보새

나홀로 숨죽인 한낮의 집안
적막을 걷어내는 굉음에 놀라
두리번거리니
맵시를 뽐내며 힘차게 날개를 젓던 어미 까치 한 마리
내 집 아파트 유리창에 호되게 온몸을 던지고
사선으로 낙하한다

날개도 부리도 선명하게 흔적을 남긴 채
한낮의 부신 햇살아래
사진으로 남겨진 그의 모습

그의 생사가 염려되었으나
나는 애써 확인하려 내려가지 않는다

나도 어느 날 도심의 높은 빌딩 앞에서
너무나 투명한 유리를 그대로 통과하려다
안경이 날아가고 이마에 혹이 났다
바보새와 나는 닮은꼴이다

민망한 아픔에 짐짓 쓴웃음 흘리고 나면
고통조차도 사랑해야함을 비로소 알게 되는 것을

산행 사인방

"이봐, 가을 산이 너무 아까워. 한 번 따라와 봐."

산에 오르는 일상이 없다면 무슨 재미로 살아가겠느냐고 단언하는 K의 기운찬 음성이 간밤에 설친 잠으로 침체의 늪에 빠져있는 나의 아침을 흔들어대고 반쯤 거두어 낸 커튼 사이로 주체하기 힘든 가을 햇살이 그녀의 모습인 듯 혈색 좋게 다가앉는다.

수년 전부터 자일까지 준비해 놓고 다니며 험준한 산 타기를 즐기는 K와 그 밖의 세 친구들은 그들의 산행에 부담만 될 뿐인 나를 그래도 이따금 챙기며 유혹하는 데 인색하지 않다.

오늘은 산자락 넉넉한 곳에 자리 잡고 앉아 밀린 이야기나 나누자는 그럴 듯한 제안에 넘어가 나는 무거운 몸을 털고 일어나 그녀들과 합류했다.

전국의 명산이란 명산은 거의 정복했노라고 큰소리치는 베테랑급 등산가인 그녀들인지라 나는 재차 정상까지 오르지 않겠다는 다짐을 받아낸 후에야 도봉산 입구에 발을 들여놓았다.

노랗게, 붉게 채색된 단풍들이 어느새 낙엽으로 떨어져 내려앉고 뭉게구름 투명하게 흐르는 쪽빛 하늘 향해 힘껏 기운을 뻗는 나무들 사이를 흐르는 대자연의 장엄한 밀어들이 한낱 고단한 삶의 무상만을 사유하며 살아가는 내 상념의 빈 모서리를 잠시 꾸짖음으로 다가와 머뭇거린다.

"역시 산은 가을 산이 최고야."

가을산을 속 깊은 아버지의 우수에 비유하는 Y의 철학적인 지론에 공감하며 자칭 산행 사인방인 그녀들의 걸음은 애초의 약속과는 달리 산 중턱에 이르자 본색을 드러내고 가속도가 붙기 시작한다.

초보인 나에겐 타협할 기회조차 주지 않는 그녀들의 뒤를 쫓으며 나는 어느새 헐떡거리기 시작했고, 학창시절 100m 달리기에 으레 꼴찌를 맡아 놓고 하던 나를 놀리기라도 하듯 그녀들은 한껏 저만치 멀어진 곳에서 나를 기다리고 있었다.

약속과 틀리다는 나의 투정에도 가을 하늘처럼 투명하게 웃기만 하는 그녀들은 앞서거니 뒤서거니 서로 번갈아 가며 나의 중도 포기를 막기 위해 포위망(?)을 설치하고 굳이 험한 능선을 선택해 침묵의 강행군을 펴기 시작한다.

"오늘 합격해야 우리 그룹에 끼워 줄꺼야."

K의 농담기 어린 협박까지 들으며 나는 어쩔 수 없이 본능의 힘을 다해 그들을 쫓느라 안간힘을 쓴다. 그녀들은 어느새 또다시 저만큼 멀어져간 간이 정상에서 공포(?)의 큰 바위 앞에 나를 향해 자일을 드리우고 있다. 그들의 행위에 지레 압도되어 나는 그만 소나기처럼 등줄기를 타고 쏟아져 내리는 땀 소태를 닦아낼 겨를도 없이 그 자리에 털석 주저앉고 만다.

이미 되돌아갈 수 없을 만큼 멀리 와 있음에 이쯤에서 되돌아가겠노라는 절박한 애원도 아랑곳하지 않고 그녀들은 밑에서 받치고 위에서 끌어당기며 나의 바위 타기에 공조를 한다. 나의 등짐은 J가 짊어지고 이미 집채 만한 큰 바위 하나를 가볍게 기어오른 나머지 친구들은 내가 붙잡고 늘어진 로프를 끌어올리는 데 있는 힘을 모은다.

아득히 까마득한 계곡 아래로 떨어져 내릴 것 같은 공포감에 두 눈을 아예 꼭 감아버린 채 나는 온통 로프를 움켜진 손에 혼신의 힘을 모은다. 마(魔)의 바위타기를 세 번이나 치루어 내고서야 나는 겨우 그들의 정상 등정에 합류했다. 세 번째 바위 타기에 성공하자 자칫 산행 사인방인 그녀들은 나의 고지탈환을 축하한다며 일제히 환호성을 지르고 박수를 친다.

아예 기진하여 바위 위에 누워버린 나의 시계(視界)에 가까이 천장(天障)인듯 펼쳐진 쪽빛 하늘이 눈이 부시게 빛나고 있다. 그녀들의 야유와 찬사를 들으며 내려다본 구비 구비의 산자락들은 도저히 나의 능력으로 걸어 올라온 길이라고 믿을 수 없을 만큼 아득히 먼 곳에 내려앉아 그 도도한 자태를 한껏 드러내고 있었다.

"아…"

나도 모르게 탄성이 터져 나오고 만다. 색색의 물감들을 정교하게 풀어놓은 듯 계절의 변신이 창출해 낸 대자연의 걸작이었다.

핏빛이라고 해야 맞을 것 같은 붉은 단풍이 카펫처럼 포근하게 깔려있는 가을 산을 하산하는 일도 그리 용이한 일은 아니었다. 무리져 쌓여있는 낙엽더미에 수없이 미끄럼을 타며 나는 앞서가는 그들을 자꾸만 불러 세운다.

이불처럼 덮인 낙엽더미 속에서 큰 산에서는 보기 힘든 다람쥐 한 마리가 기어나와 쪼르르 줄행랑을 친다. 불현듯 가볍게 몸을 날리는 다람쥐 앞에 부끄러움이 솟는다. 잠시도 쉬지 않고 산을 타는 그녀들의 모습도 다람쥐를 닮았다.

해 질 녘 집에 돌아와 다리 몸살을 앓고 누워있노라니 영상처럼 피어오르는 가을 산의 풍경이 다시 그리워진다. 그러나 K의 예정되었던 산행 오인방에 나는 한동안 합류하지 못했다. 그날의 강행군으로 엄지발톱 두 개가 새카맣게 죽어 버렸기 때문이다.

그것은 하늘 아래 누워버린 장엄한 대자연의 신비를 아주 격렬한 진통 끝에 소유할 수 있었던 환희의 댓가이기도 했다. 봄, 여름, 가을, 겨울. 산이 우리에게 안겨주는 환희와 갈등이 없다면 사계의 변화란 그다지 깊은 의미를 갖지 못할 것이다.

이 가을이 다 가기 전 나는 또다시 두려움과 설레임으로 산행 오인방을 위한 K의 유혹을 기다린다.

서촌의 추억

어린 시절 나는 서울의 종로 일번지 서촌에 살았다.

서촌에서의 생활들은 내게 많은 자긍심과 특별한 추억들을 남겨주었다. 그 시절엔 세종로를 중심으로 종로의 서촌 북촌에 사는 사람들은 서울의 다른 지역에 거주하는 사람들에 비해 특별한 자부심을 가지고 있었다. 아마도 청와대와 경복궁 그리고 태평로의 국회의사당까지 이 나라의 정치 중심지였기 때문이기도 했을 것이다.

그곳에 가면 누군가 추억 속의 옛사람을 만날 수 있을 것만 같아 불현듯 길을 나섰다. 종로통이나 광화문 쪽엔 자주 나가면서도 수십 년의 세월이 흐르는 동안에도 나는 애써 서촌 쪽으로 발길을 돌리지 못했다. 아마도 나는 그곳을 마치 쉽게 찾아갈 수 없는 먼 고향인 듯 소중히 간직한 채 그리워만 했었던 것 같다.

세종문화회관(옛 시민회관) 뒷길을 따라 종교교회를 끝으로 길을 건너면 금천교 시장으로 들어서면서 서촌의 아기자기한 동네들이 밀집해 있었다. 통의동, 통인동같은 시장을 낀 동네와 그리고 조금 벗어난 옆길로 사직동, 매동, 체부동을 따라 올라가면 내가 어린 시절을 보낸 인왕산 산자락아래 누상동, 옥인동이 있고 그 아래 누하동이 있다.

지금은 정릉 쪽으로 이주한 국민대학이 그곳에 있어 기다란 국민대학 담장을 끼고 다니던 추억의 등하굣길, 그리고 경복궁과 청와대를 중심으로 갈라진 북촌 서촌의 중심인 또 하나의 길고 긴 광화문 담장길(옛 중앙청 담장길은 청와대로 향해 가는 서촌길을 마주하며 참으로 길게도 뻗어 있었다) 그 길을 따라 걷다가 효자동, 궁정동 그리고 청운동을 끼고 또 다시 서촌으로 들어서면 골목과 골목들로 이어지는 추억의 동네들이 정겹게 이어져 있다.

지금은 경복궁 옆 서촌이지만 6.25전쟁이 끝난 지 얼마 지나지 않았던 그 시절(5,60년대)만 해도 청와대와 중앙청을 중심으로 북촌과 서촌으로 갈라지고 가회동, 재동, 안국동, 원서동, 계동 등 북촌지역 사람들과 서촌지역 사람들은 직업이나 사는 모습들이 조금씩 차이가 있었다.

경복궁을 중심으로 와룡동의 창덕궁, 비원을 끼고 있는 창경궁과 경희궁, 그리고 흥선대원군의 사저로서 조선의 마지막 황제인 고종이 열두살까지 기거했던 운니동의 운현궁까지 왕조시대 역사속의 왕족들과 그의 후예들, 벼슬에 오른

문관이나 소위 대단한 재력을 과시하던 양반세력가들의 후손들이 주로 거주하던 북촌에 비해, 서촌은 학자나 공무원 그리고 시장 상인같은 서민층이 많이 거주하고 있었다.

청와대를 왼쪽으로 세검정(지금의 평창동) 줄기를 따라 내려오면 경복중고등학교 그리고 진명여고와 청운초등학교 그 옆 신교동의 선희학교(맹아학교)까지 오랜 역사와 전통을 이어오던 교육의 전당들도 서촌 안자락에 자리 잡고 있었다. 그리고 비로소 서촌 마을 끝자락은 지금의 세종문화회관 뒷쪽으로 내자동, 내수동을 아우르며 매동과 사직동에서 마무리된다.

동네와 동네로 이어지는 길들은 대부분 대로가 아닌 골목길들이어서 더욱 정겨운 곳이 많은 서촌, 열려진 대문 사이로 앞집 마당이 보이고 앞집 뒷집 서로 안부를 주고 받으며 지내던 살가운 동네 누하동.

내무 공무원이시던 아버지의 관용차가 아침 출근시간마다 우리 집 대문 앞에 미끄러지듯 들어서면 민간인의 자가용 자동차를 거의 찾아보기 힘들었던 그 시절엔 동네 꼬마들이 신기한 듯 이집 저집에서 뛰어 나와 모여들기도 했다. 그러나 아버지는 그렇게도 그 지프차를 타고 싶어 하던 자식들을 단 한 번도 당신의 관용차에 태우지 않으셨다.

내무 공무원이시던 아버지는 충청도 한내 마을의 시골에서 서울의 가족들과 떨어져 할머니와 단둘이 살던 나를 서울의 종로 중심지 그것도 내로라하는 북촌 서촌 고을의 자녀들이 다니는 청운국민학교에 전학시켜 놓고 개인 과외 선생까지 붙여 주셨다. 그 시절엔 서울에서도 청운국민학교나 덕수국민학교 같은 곳은 소위 일류학교라 해서 그곳 아이들을 따라가려면 그렇게 하지 않으면 안된다는 것이 부모님이 내게 과외선생을 붙여준 이유였다.

진명여고 학생이었던 그 여선생은 언니가 없던 내게 선생님이라기보다는 자매 같은 존재였고 주말이면 나와 동생들을 데리고 인근 중앙청이나 창경원, 덕수궁 같은 곳을 찾아 다니며 함께 시간을 보내기도 했다.

그녀는 친부모 형제가 없는 고아였고 아마도 식구가 많은 우리가족의 일원이 되길 진정으로 원했었던 것 같다. 내 추억 속에 너무나도 강인하게 박혀있는 그녀는 내가 중학교에 들어간 후 그녀가 양부모를 따라 부산으로 이주하면서 영영 소식이 끊겼다. 나는 아직도 그녀와의 추억의 사진들을 소중하게 간직하고 있다.

우리 동네(누하동)엔 작가나 예술가들도 많이 살고 있어 초등학교 친구의 아버지인 작곡가 나화랑 씨 집에도 나는 자주 드나들었다. 유일하게 동네에서 피아노가 있는 그 집엔 때때로 아이들이 방과 후에 몰려가곤 했는데 나화랑 선생은 조금도 귀찮아하지 않으시고 막내딸의 어린 친구들에게 피아노를 가르쳐 주기도 했다.

나중에 알게 된 이야기지만 그 무렵 시인 노천명 씨도 누하동에서 힘든 시절을 보내다 작고하였으며 윤동주 시인 역시 어려운 상황 속에 누하동 친구 집에 머무르며 날마다 인왕산에 올라 '별 헤는 밤'을 썼다 하니 지금도 그 흔적을 더듬어 윤동주 문학관이 그곳에 세워진 까닭이다.

서촌은 가히 여러 분야의 그다지 넉넉지 않았던 예술인들과 학자들이 많이 기거했던 곳으로 유명하다.

누하동 우리 집 골목어귀에 있던 '고바우 세탁소'는 동네를 통털어 하나밖에 없는 세탁소였는데 이곳은 주로 국회의원 선거 때마다 그들의 연설 무대로 이용된 명당 자리였다.

어린 기억에도 나는 늘 그곳에서 정견 발표를 하며 목청을 높이던 장군의 아들 김두환 씨를 잊을 수가 없다. 그는 늘 의리에 찬 큰 목소리로 정견 발표를 했고 그와 반대당의 학자출신 전진한 씨는 조용하고 차분한 목소리로 연설을 해 두 사람이 무척 대조적인 모습이었다. 내 기억 속에 그들은 꽤 오랫동안 정적(政敵)으로 그곳에서 자주 연설을 했다.

구경거리가 별로 없던 그 시절엔 그들의 정견 발표를 귀담아 들던 군중이 대부분 투표권이 없는 아이들이기도 했으나 친절한 고바우 세탁소 아저씨는 선거철만 돌아오면 으레 그들에게 필요한 자리를 제공하며 구경하는 동네 사람들에겐 군것질 꺼리 까지도 인심 좋게 내놓곤 했다.

아마도 그는 그런 정치인들이 자기 세탁소 앞을 정견 발표 자리로 선택한 것을 가문의 영광쯤으로 여겼을 것이다. 나는 4·19 학생 의거 직후 국회의원 선거에 나온 김두환 씨의 연설 한 부분을 지금도 기억하고 있다.

"내가 잠시 자리를 비운 사이 우리 학생들이 많이 희생됐어. 내가 있었으면 학생들이 희생되는 일은 없었을텐데." 이따금 나는 그때의 어린 마음에도 그는 어디에 있었을까 하고 생각해 보곤 했었다.

이런 저런 상념으로 서촌의 골목들을 찾아 서성이지만 골목 어귀에 있던 그 유명한 고바우 세탁소는 물론 공동 수도 하나에 늘 동네 사람들이 길게 줄 지어 늘어서 있던 누하동의 옛집 골목의 모습들은 더더욱 아득하기만 하다. 나는 누하동의 나의 옛집 찾기를 포기하고 그 아래 체부동 길로 들어섰다. 잊혀지지 않는 또 하나의 추억의 집을 찾아보기 위해서다.

경희는 나와 초·중·고등학교를 함께 다닌 둘도 없는 단짝 친구였고 자유당 시절 할아버지가 대법원장까지 지낸 대단한 집안의 외동 손녀이기도 하다. 우리는 아침마다 누하동과 체부동 서로의 집을 오가며 함께 학교길 벗이 되었고 그 오랜 추억들은 그녀가 부모를 따라 캐나다 이민을 떠날 때 까지 이어졌다. 그 낯익은 골목길들은 모두 어디로 사라졌는지 체부동에서 가장 큰 집이었던 그녀의 집터 역시 찾아내는데 실패하고 말았다.

아마도 나는 지금 내 곁에 없는, 살아오면서 나의 부주의로 미처 챙기지 못하고 잃어버린 너무나도 그리운 사람들을 혹여 만날 수 있을 것 같은 내 생애 마지막 간절한 바람을 안고 이곳을 찾아온 것인지도 모른다.

오래전 그 아름다운 시절의 부모 형제들과 그립고 또 그리운 옛 친구들, 그리고 따뜻하고 다정했던 이웃들, 마치 그 오래전 시간들이 다시 되돌아온 듯 아직도 그 모습들이 더러 남아있는 체부동의 골목길엔 옛 친구의 다정한 목소리와 함께 뛰어놀던 아이들이 풍경처럼 되살아난다.

도란도란 사람의 향기가 넘쳐나던 서촌의 옛집 골목들은 많이 변모하고 사라졌어도 한발 두발 추억을 더듬어 서촌의 구석구석을 방황하는 석양의 나의 발걸음은 더디고 무겁다.

어둠이 내려앉아 하나 둘 불이 켜지기 시작하는 금천교 시장의 가게들을 등 뒤로 어린 날의 추억들이 보물처럼 어딘가에 숨겨져 있는 이곳을 너무 늦게 찾아온 것을 뉘우치며 나는 서촌을 벗어난다. 새삼 다시는 되돌릴 수 없는 소중하고도 특별한 지나간 시간들 속에서 끝내 챙기지 못하고 잃어버린 것들에 대한 회한의 아쉬움이 크게 밀려든다.

세월은 또 강물처럼 흘러 먼 훗날 지금의 추억으로 또 이 골목으로 들어와 옛 추억을 더듬으며 흐르는 세월의 무정 유정을 회상하는 이들이 있을 것이다. 석양의 지는 해가 서촌의 끝자락 맞은편 높은 빌딩 녹색의 건물 유리창에 부딪쳐 타는 듯 광채를 발산하고 그 눈부신 빛을 향해 온갖 추억의 상념에 젖어있던 나는 또다시 어둠이 서서히 내려앉는 낯익은 도시를 향해 무거운 발걸음을 옮긴다.

침묵

밤 새 열어놓은 창문 틈새로
너무 오래된 그리움의 내 님
다녀 가시고
반쯤 눈감은 잊혀진 얼굴 위에
앙상한 입맞춤

무한의 자유 안에 갇혀
남루한 미소로 번지는
포옹과 소통의 간절함

닷새장에 이고나온
할머니의 떡 목판에
아직도 이끼끼지 않은
일상의 고단함이 고소하고

밤 새 돌아가는
어머니의 재봉틀 소리엔
군인간 두 아들의
힘찬 군가가 우렁차다

그리운이여! 그대
오늘도 수줍은 두려움으로
떨고 있는 하루
이제 그만 영롱한 아침
기운찬 생명으로 깨어나

한잎 두닢
찬란한 슬픔으로 피어나게 하소서

빅토리아

그는 늘 해 질 무렵이면 그렇게 그곳에 앉아있었다.

서서히 내려앉는 한줄기 석양이 낭만을 꿈꾸게 하는 찻집. 손잡이부터 말썽인 통나무 문을 밀고 들어서면 삐거덕거리는 나무 계단이 입구를 지하로 착각하게 만드는 음악다방 '빅토리아'. 좀처럼 한가로이 낭만을 즐길 수 없었던 60년대 신촌의 젊은 대학생들이 즐겨 찾던 이대 앞의 클래식 찻집이었다.

내실의 빛바랜 나무 벽들이 말해주듯 꽤 오래된 고대풍의 아늑한 그곳은 현실과 이상의 괴리감에 빠져 많이 방황하던 나에게 좋은 안식처가 되어 주었다. 지금처럼 오디오나 별다른 음향 시설을 갖춘 사람들이 별로 없던 가난했던 그 시절 해맑은 정서와 아름다운 선율에 갈증을 겪고 있던 젊은이들이 '돌체'나

'르네상스' 같은 곳에 몰려들어 음악 감상에 여념이 없었지만 나는 곧잘 음악을 좋아하던 친구 K와 함께 클래식을 듣기 위해 이곳에 드나들었다.

우리가 문을 밀고 들어서면 저만큼 카운터 옆의 얼굴 없는 장발의 DJ는 어느새 우리를 알아보고 '비발디의 사계'를 흘려 내보낸다. 또 낭만파 슈베르트의 '미완성 교향곡 제8번'이 언제나 준비되어 있던 그곳에서 내 젊은 날의 우수는 어느새 깊은 명상으로 뒤바뀌곤 했다.

내가 그를 다시 만나기 위해 빅토리아에 들어섰을 때, 마치 그와 나의 운명을 예시해 주기라도 하듯 모차르트의 오페라 '피가로의 결혼 서곡'이 흐르고 있었다. 창가에 앉아 있는 그에게 다가갔을 때 기다림에 지친 그는 고개를 들고 겸연쩍은듯 웃으며 자리조차 권하지도 않았다. 이미 엽서에 통보해 온 약속 시간이 두 시간이나 지나도록 돌아가지 않고 그곳에 기다리고 있었음을 어쩌면 스스로에게 대견해하고 있었던 것일까.

그는 음악이 너무 좋아 시간가는 줄 몰랐노라고 했으나 그의 손엔 두 시간 정도는 각오를 한 듯 두툼한 영시집이 들려 있었다. 늘 같은 장소에 앉아 그렇게 책을 읽는지 음악을 듣는지, 아니면 나를 기다리는지 그는 그렇게 앉아 있었던 것이다.

짤막한 영시 한 토막과 일방적인 약속 날짜와 시간, 그리고 클래식이 흐르던 빅토리아 주문 상품처럼 일주일에 한 번씩 배달되던 그의 엽서 내용이다. 그는 주로 워즈워드(Wordsworth), 바이런(Byron), 키츠(Keats)의 시들을 편지 대신 엽서 상단에 적어 보내곤 했다.

하나, 둘 대문 너머로 던져지는 엽서들이 쌓이기 시작하자 맞선이란 걸 보고 온 후부터 그와 마찬가지로 딸의 심사가 기울기를 눈치만 살피시던 어머니는 드디어 채근을 하기 시작하셨다.

이웃에 살고 있던 그의 대학 선배의 끈질긴 권유로 이루어진 맞선이었다. 이미 중매쟁이의 말에 현혹되어 사윗감을 만나 보기라도 한 듯 내심 적당히 마음이 기울어 있던 터라 딸을 대동하고 맞선을 보고 온 후에 더욱 흡족해 하고 계시던 어머니.

어머니와 달리 그와의 첫 만남이 썩 탐탁지 않았던 나는 좀처럼 어머니와 그의 외합(外合)에 쉽게 합류하지 못했다. 그러나 그의 선배와 어머니로부터 가해지는 은근한 독촉과 협박(?)은 초연하려 는 나를 더이상 무관심의 상황에 놓아주지 않았다.

"오늘도 두 시간 기다렸습니다."

나는 언제나 그의 엽서 끝단에 적혀있던 상투적인 추신(?)의 진실을 가려내고 싶은 호기심과 어머니의 성화에 못이겨 그가 통보해 온 일방적인 약속 시간으로부터 두 시간이 다 지날 무렵에야 그 곳에 갔던 것이다. 그의 엽서가 '리더스 다이제스트' 만큼이나 두툼하게 내 집 대문 안에 쌓인 후의 일이었다.

나를 바라보는 그의 지친 얼굴에 쓸쓸한 승자의 미소가 조용히 파문을 일으키고 그와의 필연을 거부하려 했던 내 무상의 심연에 또다시 '베토벤의 운명교향곡'이 헹가래를 쳐댔다. 한 잔의 쓴 커피를 마시며 두 시간 씩이나 약속의 응답조차 없던 나를 기다려 주던 빅토리아의 젊은 피에로와 나는 그렇게 운명처럼 만났다.

오랜 시간이 흐른 후, 나는 두 시간 씩 나를 기다려주던 그의 옛 모습을 만나러 그 시절의 빅토리아를 찾아 나섰다. 삐거덕 거리던 낡은 통나무 문 대신 날렵한 고층아파트가 클래식의 낭만과는 어울리지 않게 세워져 있었다. 대학가 거리를 가득 메운 이 시대의 젊은이들은 별로 클래식을 좋아하는 것 같지 않다. 팝송이 흐르는 그들의 어깨 너머로 '피가로의 결혼'이 아련히 들려 오고 어느 날인가 보내온 그의 엽서 한 장을 떠올리며 나는 그때의 어설픈 낭만과 우수를 다시 그리워한다.

"태양이여, 어둡고 추운 골방으로 찾아와
시린 이의 가슴을 비춰 주소서.
바람막이 위풍 센 골방에서 나는,
그대를 바라며 울고 웃고 싶소."

그와 함께 공유해 온 지난 시간들 속에서 우리는 또한 얼마나 많은 앙금을 남기며 헤아릴 수 없는 숱한 전쟁을 치러 냈던가. 이따금 떠올리는 해질녘 빅토리아의 낭만이 있어 그래도 견디어 냈으리라. 결코 멈춰 서지 않는 시간들 속에 과연 그와 내가 함께 할 수 있는 빈 시간들은 얼마나 남아 있을까. 자신을 꼭 빼닮은 다 큰 딸을 바라보며, 숱 많은 은빛 머리칼 아래 조용히 군자(君子)처럼 늙어가고 있는 그는 참 오랜만에 잊고 지냈던 두 시간을 떠올리고 있다.

"그래도 두 시간 쯤은 기다릴 줄 아는 녀석에게 보내야지…"

모란이 그 도도한 순결의 꽃잎을 수줍게 터트리며 봄의 교향악 전주(前奏)를 시작하는 사월. 온종일 부슬부슬 내리는 봄비 소리를 들으며 나는 운명처럼 나를 찾게 했던 빅토리아에서의 음악들을 빈 방에서 혼자 듣는다. 젊은 날, 아마도 그는 그의 인생을 담아 두고 싶었던 한 여인을 생각하며 운명과도 같은 음악들이 있어 두 시간을 그 곳에 앉아 있었으리라.

그건 결국 내가 마련해 놓은 그와 나의 운명의 자리였다. 그와 나의 재회를 위해 '피가로의 결혼' 서곡을, 그리고 뒤이어 베토벤의 '운명'을 재치있게 흘러보내던 장발의 DJ는 지금 이 시간 어떤 모습으로 늙어가고 있을까. 아름다운 클래식 선율에 실어 내 젊은 날의 고뇌와 낭만을 갈무리하던 빅토리아의 낡아 삐거덕 거리던 통나무 문소리가 몹시도 그리워지는 저녁이다.

4월의 단상

화요일 오전 둘째 수업시간. 늘 화사한 미소와 청아한 음성으로 어린 소녀들의 사랑과 존경을 한 몸에 받으시던 올드미스 담임선생님은 평소와 달리 긴장된 모습으로 교실에 들어오셨다.

"오늘 수업 끝이다. 둘씩, 혹은 셋씩 무리지어 가지 말고 각자 한 사람씩 흩어져 조용히 귀가하기 바란다."

이미 교내 방송을 통해 상황을 알고 있던 아이들은 당혹과 한편 의연함 속에 하교 준비를 하기 시작했다. 헌병들이 줄지어 일렬종대로 늘어서 있는 교문 앞을 나이 어린 여학생들은 회색빛 공포에 휩싸여 무거운 침묵으로 조용히 걸어 나갔다. 방송국 주변에 늘어선 헌병들의 장총은 방송국 근방에 있는 우리학교

교문 앞 까지 포위하고 여학생들의 동태 조차도 주시하고 있었다.

나도 등하교 길을 늘 함께하던 경희와 떨어져 각자 다른 길을 선택하여 집으로 향했다. 경희는 안국동을 거처 체부동으로, 나는 명동 시청 앞을 거처 누하동으로 노선을 정하고 헤어졌다. 집으로 가는 버스를 타려 했으나 이미 서울 시내는 버스조차 운행을 멈추었다. 서울 한복판은 무질서와 간헐적인 총성으로 온통 공포 분위기에 휩싸이고 교통편을 잃고 서둘러 집으로 귀가하려는 시민들이 가야할 길을 잃은 채 우왕좌왕 갈팡대고 있었다.

명동 동화백화점 근처까지 사람들 틈에 섞여 밀려 나오자 공포탄을 쏘아대는 경찰과 시민들이 뒤엉켜 마치 전쟁터와 같은 아비규환을 이루고 있었다. 트럭과 버스를 점령하고 머리엔 흰 띠를 두르고 주먹을 불끈 쥔 많은 고등학생들이 "몰아내자 독재원흉. 부정선거 결사반대"를 목이 터져라 외쳐대며 시내를 질주하고 있었다.

그들을 향해 공포탄을 쏘아대는 군인·경찰들과 박수를 보내는 시민들의 상반된 모습에 나는 가슴 한 켠 알 수 없는 전율과 감동이 출렁였다. 막연한 두려움 대신 투명한 정의감 같은 것이 어린 소녀의 의식 속에서도 솟구쳐 오르고 그들의 대열에 합류하지 못한 스스로가 부끄러웠다.

그러나 혼자서 누하동에 있는 집을 향해 하굣길을 서두르던 나는 그만 시청 앞 진입조차 못한 채 남대문 서울역 방향으로 밀려나는 시민들 틈에 섞여 밀물처럼 어디론가 휩쓸려 나가기 시작했다. 경찰과 헌병들은 무장을 한 채 이미 남대문 근처까지 밀고 내려와 시청 앞부터 경무대까지는 개미 한 마리도 얼씬할 수 없다고 으름장을 놓았다. 경무대를 에워싼 효자동을 중심으로 북촌 서촌에 살고 있는 시민들의 귀갓길이 원천 봉쇄된 것이다.

총대를 둘러멘 헌병들은 아주 작은 여중생인 나의 목에까지 장총을 들이댔다. "죽고 싶지 않으면 조용히 물러나라." 이미 내 주변엔 많은 시민과 학생들이 구름처럼 몰려들어 귀갓길을 방해하는 그들과 맞섰다. 그러나 시민 학생들을 향해 마구 쏘아대는 총탄에 혼비백산 모두들 남대문, 서울역 쪽으로 후퇴하기 시작했고 이리 쫓기고 저리 쫓기는 화요일 한낮의 서울 거리는 전쟁터와 다를 바 없었다.

고막을 터트리는 포성은 무고한 시민과 학생들을 위협하며 도심 한복판을 온종일 흔들어댔고 어느새 구름 같이 이리 쫓기고 저리 쫓기던 사람들은 그 위협적인 공포에 어디론가 자취를 감추기 시작했다. 나도 많은 사람들 틈에 섞여 남대문 시장 안으로 쫓겨 들어갔다. 이마에 피를 흘리는 대학생, 무언가에 얻어맞아 다리를 절룩이는 고등학생도 나의 시야에 들어왔다.

상점들이 모두 문을 굳게 걸어 잠근 남대문 시장 안은 시장 사람들의 모습은 찾아 볼 수 없고 산발적으로 들려오는 포성에 오히려 공포가 더욱 가중되었다. 총소리를 피해 이리 저리 시장 안을 갈팡대던 시민들과 학생들 틈에 섞여 우왕좌왕 하고 있을 때 누군가가 조용히 가게 문을 열고 우리를 향해 손짓했다. 위험을 무릅쓰고 조심스레 문을 열고 내다본 한 아주머니의 손짓에 따라 사람들은 우르르 가게 안으로 몰려 들어갔다.

사람들로 꽉 찬 비좁은 가게 안에서도 우리 모두는 가까이서 들리는 총성을 의식한 채 숨을 죽이고 있었다. 더욱이 이마에 총상을 입은 대학생이 있어 가게 안의 분위기는 더욱 긴장감이 고조되고 있었다. 그러나 중년의 주인 부부는 침착하게 머큐롬 소독을 하고 하얀 천 조각들을 찾아 질끈 동여매 주었다. 다행히 가벼운 총상이라 그 학생은 잘 견뎌내고 있었다. 친절하게도 아주머니는 가게에 딸린 작은 방으로 총상을 입은 대학생과 나를 데리고 들어갔다.

점심도 저녁도 굶은 내게 따뜻한 밥 한 그릇을 국에 말아 주었다. 그녀는 가게에 있는 다른 사람들에게도 계란을 삶아 허기를 면하게 해주고 그 중 나이가 가장 어린 내겐 특별 대우까지 해 준 것이다. 그러나 나는 그녀가 건네준 국밥 한 그릇을 끝내 먹지 못했다.

"무서웠지, 내일 집에 가! 오늘은 안 돼."

밤이 깊어지자 총성은 잦아들었고 함께 있던 학생들과 시민들도 더러는 가게 안에 있는 바둑판을 찾아 바둑을 두기도 하고 한쪽 구석에서 새우잠을 자기 시작하며 평정을 찾으려 애쓰는 것 같았다. 가게 주인 부부는 총상을 입은 대학생과 나이 어린 내게 특별히 가게에 딸린 작은 방 한 구석에 잠자리를 제공했지만 나는 책가방을 꼭 껴안은 채 밤을 새웠다.

다음날 새벽 모두가 얼기설기 잠들어 있는 가게를 나는 조용히 빠져 나왔다. 뒤늦게 인기척을 느끼고 따라 나온 아주머니의 염려와 만류에도 나는 인적이 끊긴 텅 빈 서울 한 복판을 겁도 없이 집을 향해 걷기 시작했다.

허기진 뱃속과 극도의 긴장으로 온 몸이 휘청거리고 다리가 후들거렸지만 밤새 귀가하지 않은 딸 걱정에 온 밤을 지새웠을 부모와 가족들 생각에 용기가 솟아났으리라. 걱정하고 있을 가족들의 얼굴을 떠올리며 오직 빨리 집으로 가야 한다는 생각 뿐이었다.

아직 어둠이 채 걷히지 않은 이른 새벽. 뿌옇게 동이 터오는 텅 빈 서울거리에 마치 서울시민 모두가 죽어있고 나 혼자 살아남아 망망대해를 걸어가고 있는 것만 같았다.

어제의 그 요란하던 총성도, 이리 밀리고 저리 밀리던 그 많던 사람들의 흔적조차도 없는 서울 거리는 하얀 도화지처럼 아무 것도 보이지도 들리지도 않았다. 또 다른 적막의 공포가 나의 온몸을 뒤덮기 시작했다. 부지런히 덕수궁 뒷담길을 지나 재빨리 성공회 교회 안으로 들어섰다. 역시 교회 안에서도 나뭇잎 흔들리는 소리조차 들리지 않았다.

주일이면 늘 만나던 낯익은 신부님이 그 인자한 미소를 머금고 나타나 나를 반길 것만 같았다. 아주 작은 희망에 잠시 교회 안을 기웃거리기도 했으나 신부님의 모습은 끝내 보이지 않았다. 광화문 뒷골목 종교교회 앞을 지나 옥인 시장 안으로 들어설 때까지 나는 어떻게 혼자 걸어 왔는지 모른다. 물먹은 솜처럼 무겁기만한 책가방을 질질 끌며 다만 내 발자국 소리와 가쁜 숨소리를 듣고 누군가 튀어나와 공격할 것만 같은 두려움에 쉼 없이 걸으려 애썼을 뿐이다.

1960년 4월 20일의 비상계엄령이 선포된 서울의 어두운 새벽. 그날의 용기와 공포는 수십 년이 지난 지금도 마치 영화의 한 장면처럼 해마다 4월 19일만 되면 오로지 스스로에게 두려움과 대견함의 또렷한 영상으로 되살아난다.

아직 채 어둠이 걷히지 않은 새벽녘, 그것도 비상 계엄령이 내려진 서울 한복판을 겁도 없이 걷고 또 걸어 비로소 누하동 나의 집 골목에 들어섰을 때 긴장이 풀리며 비로소 한 순간에 다리에 힘이 빠지기 시작했다. 집 근처 골목으로 들어서자 어렴풋이 내 집 문 앞에 사람들이 몰려 있는 풍경이 시야에 들어오고 누군가가 "저기 온다!" 하고 외치는 소리를 듣고서야 먼 길을 돌아 살아온 이틀간의 아득한 귀가 길이 끝이 났음을 실감했다.

나는 이미 살아있는 사람이 아니었다. 식구들과 동네 사람들은 어제 돌아오지 않은 내가 죽었다고 믿고 있었다. 유난히 나에 대한 사랑이 끔찍했던 할머니의 통곡소리에 이웃의 많은 사람들이 집 앞에 모여 나의 죽음을 함께 당황해 하고 있었던 것이다. 나중에 알게 되었지만 우리 동네에서도 고등학생 하나, 대학생 두 명이 4·19의거에 참여했다가 아까운 생명을 잃었다.

4월 19일 하룻밤의 나의 부재는, 그리고 무사한 귀가는 한 동안 이웃들의 이야기 꺼리였다. 많은 학생들이 민주화의 초석이 되어 숭고하게 희생당한 4월 19일, 비록 많은 희생자를 낸 학생 혁명의 대열에 합류하진 못했지만 우리 가족들에게도 그리고 또 나에게도 기나긴 공포와 긴장의 하루를 체험한 평생 잊을 수 없는 날이 되었다.

후일 어머니와 나는 많은 시민과 학생들에게 하룻밤 피신처를 제공해준 고마운 아주머니의 가게를 찾았다. 아주머니는 내게 아침밥을 먹여 함께 집에 데려다 주려 했는데 내가 고집을 피워 내내 걱정했노라 나무랐다. 그곳에서 하룻밤을 지낸 시민들과 학생들에게 아침밥도 지어 먹이고 또한 총상을 입은 학생은 병원에 입원을 시켰노라 했다. 중년의 부부는 귀갓길에 희생 당했을 수도 있었던 많은 시민과 학생들을 구해 준 생명의 은인이기도 하다.

비슷 비슷한 모양의 허술한 상점들 속에서 어렵게 찾아낸 가게 안에서 그날의 긴박했던 상황과는 전혀 다른 상황으로 주인부부와 우리는 한 바탕 웃음이 터지고 말았다. 어머니와 나는 선물로 사간 계란 한 꾸러미에 한 꾸러미를 더 얹어 선물로 받아 들고 나왔다. 아주머니의 가게는 닭과 계란을 파는 가게였던 것이다.

4·19는 이렇게 나에게 한편의 엽편 드라마와 같은 긴박하고도 특별한 일기를 남겨 주었다. 그 역사적인 날에 희생된 많은 선후배님들 영전에 나의 엉뚱한 이야기들은 부끄럽기 조차 하다. 한동안 4월 19일마다 찾아갔던 남대문 시장안의 닭집은 아주머니가 부산으로 이주하면서 그 인연이 끝이 났다.

저마다의 꽃이 그 아름다운 자태를 뽐내며 피어나는 길목마다 새로운 생명들이 그 기운을 발산하고 있는 4월, 이 나라의 민주화를 위해 그 역사적인 날에 불꽃 같은 생명을 바친 선후배님 들의 영전에 새삼 머리를 숙인다.

지금은 얼굴조차 떠오르지 않는 하룻밤의 은인인 그녀가 많이 보고 싶고 그때 총상을 입은 채 나와 함께 하룻밤을 지낸 그 대학생은 지금쯤 또 어떤 모습으로 살아가고 있을지도 많이 궁금해진다.

애상(哀想)
'어머니 나의 어머니'

　　어머니는 온종일, 아니 벌써 며칠째 눈을 감지 못하신다. 무엇이 그다지 더더욱 염려되어서인가…. 아직 어리고 철없는 자식들에게 더 가르쳐 줄 많은 해답들이 남아 있어 마음의 갈피를 잡지 못하심인가…. 일흔 둘의 나이에도 아직 젊고 아름다운, 쌍꺼풀진 큰 두 눈이 아이 같고, 소녀 같은 청순하고 지혜로운 모습이 얼굴 가득 넘쳐 흐르는 고귀한 내 어머니는 잠시 주사 한 대 맞으러 들른 병원에서 무슨 고약한 병명으로 붙들려 그만 마실 가듯 잠깐 다녀오겠다던 병원에 눌러 앉고 말았다.

　아침 나절 단정하게 정리해 놓고 나온 당신의 방이 그리워 빨리 돌아가려 했는데, 어머니는 그만 원치 않았던 병원 침대 위에 눕고 말았다. 펌프질해대는 가슴, 손으로 아무리 누르고 눌러도 가라앉지 않음에 곤혹해 하시며 "내가 왜 이런다니" 어진 눈빛에 애처롭게 놀라움이 출렁거린다.

어머니는 아직도 할 일이 많아 자식들 곁을 떠나고 싶지 않으시다. 영악한 자식들의 위안을 받고자함이 아니라 아직도 철부지인 자식들에게 일깨워 주어야 할 험한 세상살이의 더 많은 지혜들이 있어 그로 인해 어머니는 눈을 뜨신 채 잠도 못 이루고 걱정이 많으시다.

"내가 왜 이런다니, 빨리 집에 가야 하는데…" 이미 노인이 되었음에도 결코 그것을 인정하려 들지 않는 어머니와 나의 싸움은 이렇게 승패도 없이 끝나가는 것인가. 온갖 넘치는 재주들과 일상의 열정이 잠시도 그녀를 한가하게 하지 않아 나는 너무 완벽한 그녀의 기(氣)를 꺾으려 많이도 어머니와 싸웠다.

점점 낮아지는 당신의 소리를 나는 귀 기울여 더 들을 수가 없어 흐르는 눈물을 주체치 못한다. 하늘도 땅도 모두 흙빛인 채 나는 앞만 보고 걷는다. 힐끗힐끗 쳐다보는 사람들, 모두 다 내 어머니를 알려나. 아직 멀쩡히 숨쉬고 있는 내 가슴 한 조각 도려내 펌프질해대는 어머니의 가슴을 누르고 나는 그녀와 한 몸이 되어 남은 생을 살고 싶다.

내 어머니는 소녀처럼 아직도 꿈이 많다. 칠순의 내 어머니는 아직도 고운 사십대. 이제 비로소 성숙한 중년을 빛나고 찬란하게 가꾸고 싶은데…. 나는 어머니가 참으로 삶을 넘치게 사랑했음을 안다. 쉰인 나보다 훨씬 젊어 언제나 내 곁에 든든함으로 버팀목이 되어 있어야 할 그녀는 점점 약해져 가는 자신의 모습을 인정하기가 힘이 든다.

어떤 고약한 형태의 삶이 나를 희롱하고 고통스럽게 해도 나는 그녀의 그늘 아래 언제나 힘이 솟았다. 그녀는 하루 세 끼 나의 일상으로 찾아와 그림자처럼 밥상에 마주 앉아 나를 보살피고 꾸짖는 것만 같았다. 나의 하찮은 반항에도 아랑곳하지 않고 그녀는 마치 성자의 모습으로, 어머니로부터 벗어나고 싶은 나의 자존심을, 나의 영혼을 일으키고 주저앉히며 한 치의 어눌함도 용서치 않았다. 어머니는 나에게 그렇게 가장 두렵고 위대한 신앙과 같은 존재였다.

아, 어머니.

그녀의 가슴은 너무나 크고 따뜻하여 한겨울에도 나는 추위를 잊었다.

아, 어머니.

그녀의 그늘은 너무나 울창하고 드넓어서 한여름에도 나는 더위를 잊었다. 그녀는 그렇게 영원히 나를 다스려야 함에도 이제 온통 슬픔의 덩어리로 커다란 바다를 이루며 내 곁을 떠나려 한다. 나의 슬픔을 위해, 나의 고독을 위해, 그리고 나의 남은 삶을 위해, 나는 한사코 붙들고 매달리며 이제야 어머니를 안타깝게 붙잡는다.

그녀의 속곳 끝단을 붙잡고 늘어진다.

어머니.

그 이름으로 내게 영원히 존재하기를, 또한 안타까이 희망하여 오늘밤 나는 밤새도록 어머니와 이야기를 하리라.

1997년 12월 29일(어머니 돌아가시기 전날)에,
어머니를 보내드리며.

어머니의 밥상

봄이 오려나 보다. 창문을 열자 햇살은 따뜻하고 빈 나뭇가지들을 흔들어 대는 까치들의 몸짓이 부산하다. 나는 햇살 따뜻한 창가로 가서 혼자 늦은 아침 밥을 먹는다. 시큼한 묵은지가 울컥 목젖에 휘감긴다. 오래된 내 어머니의 손맛이 묵은지로 돌아와 나의 쓸쓸한 아침 밥상에 마주 앉는다. 오지 않는 아이들을 기다리며 늘 홀로 쓸쓸한 밥상을 마주 하시던 어머니가 어느 날 불현듯 당신의 밥상을 찾아온 자식들을 향해 말씀하셨다.

"그래, 밥은 이렇게 먹어야지."

해마다 이맘때쯤이면 찾아오는 특별한 통증은 유난히 어머니의 손길이 많이 닿았던 내 집 밥상에 더욱 심하게 찾아든다. 늦은 3월에 혼자 꺼내먹는 시큼한 묵은지에선 무슨 까닭인지 아직도 온통 어머니의 냄새로 가득 차 있다. 외로움과 그리움이 비빔밥이 되어 나는 끝내 먹다 만 밥상을 물린다.

나는 유독 어머니의 밥상에 불만이 많았다. 살아가는 이유가 마치 먹기 위해서인 것인 듯 그렇게 어머니는 먹거리가 그다지 풍족하지 못했던 시절임에도 매 끼니 밥상에 온 정성을 다하셨다. 종가의 맏며느리 역할이 마치 당신이 반드시 완벽하게 해내야 할 의무인 것처럼 집안의 제사며 그 밖의 대소사로 끊임없이 드나드는 일가친지들의 밥상을 차려내느라 손에 물이 마를 날이 없으셨던 어머니. 학교에서 돌아오면 늘 부엌에 계시던 어머니를 잊을 수가 없다.

그러나 어머니는 그런 당신의 역할을 귀찮아 하시기는커녕 오히려 당연한 것인 듯 최선을 다하고 계셨다. 훗날 손주들의 생일 때마다 열 살까지는 새벽부터 손수 고물 내어 수수 팥떡을 만들어 주시더니 열 살이 넘어 스무 살이 되는 해까지는 오색 떡 케익을 손수 만들어 촛불을 켜게 하셨다.

아이들의 소풍날엔 반장이라 하여 선생님 도시락을 준비해야 한다는 손녀의 말에 기꺼이 정성어린 도시락을 준비해 주시던 어머니. 소풍에서 돌아온 아이가 선생님께서 도시락이 너무 예뻐 한동안 먹지 못하고 바라만 보고 계셨다는 말에 말없이 흐뭇한 보람의 미소를 지으시던 내 어머니.

그런가 하면 친지들의 혼인이 있을 때마다 폐백 음식이며 잔치 음식들이 어머니의 손을 거치면 감탄의 찬사로 돌아왔다. 어머니의 폐백 음식을 받아 본 친지의 사돈 집에서 조차 당신들의 딸 혼례 때도 똑같이 보내고 싶다 하며 어디서 맞춘

폐백이냐 부탁하여 본의 아니게 큰 곤궁을 겪었노라는 일화들이 빈번하기도 했다.

아무리 조촐한 밥상이라도 온 정성을 다하여 그림처럼 만들어내시는 내 어머니. 내 집 냉장고에 남아 있는 식재료들을 모아 만들어낸 재활용 음식들은 보는 이들을 감동시키기에 충분했고 어머니의 손 끝에선 어떤 음식재료들도 하찮은 것 없이 빛이 났다.

집안에 손님이라도 오는 날엔 장보기에서부터 밥상을 다 차려낼 때까지 옆에서 지켜보시는 어머니로 인해 내 손엔 진땀이 흐르고 머릿속은 점점 하얗게 마모되어 갔다. 맏딸인 내가 출가한 후에도 어머니는 내 집에 오시어 밥상을 많이 차려내셨다. 심지어는 내 집에서 치루어낸 사돈(나의 시어머님)의 칠순 잔치상까지도 어머니는 손수 자청하여 차려 내셨다.

어머니는 아무렇게나 적당히 차려낸 밥상을 용납하지 못 하셨다. 나의 어린 시절 한때 집안이 어려워 곤궁해 있을 때에도 식구들은 보리밥을 지어 먹이고 종갓집 대소사에 참석하기 위해 끊임없이 드나드는 일가 친척들에겐 조촐한 밥상일지언정 하얀 쌀밥에 온 정성을 쏟아 찬을 만들어 대접하시곤 했다.

어머니의 밥상은 언제나 어머니의 장독대에서 빛이 났다. 해마다 손수 담그시는 된장 고추장 간장은 어머니께서 만들어내는 모든 음식의 숨은 일등 공신들이었다. 음식엔 조미료 대신 장이 제대로 만들어지면 된다는 것이 내 어머니의 확고부동한 지론이었음으로 우리 형제들은 본의 아니게 까다로운 입맛의 소유자들이 되어 갔다. 외식을 잘못하거나 조미료가 든 음식을 먹고 나면 곧잘 탈이 나곤 했던 것이다. 내 어머니의 밥상에 대한 경건함은 마치 종교의식을 치뤄내는 듯 엄숙하기까지 했다.

그런 어머니가 시름시름 건강이 안 좋아지기 시작하실 무렵 나는 불현듯 찾아간 어머니의 집에서 홀로 쓸쓸히 마주하고 있던 어머니의 초라한 밥상을 발견했다. 유별난 당신의 완벽주의 때문에 어떤 자식도 감히 어머니의 밥상을 차려드릴 엄두조차 내지 못했음이 때늦은 후회와 회한으로 밀려들었다.

때론 어머니의 완벽주의에 지청구만 해대던 하찮은 나의 반항에도 미동조차 없으시던 내 어머니. 나는 어머니의 초라한 밥상에 울컥 시려오는 가슴을 쓸어내리느라 애를 썼다. 뒤늦게 평생 어머니께 얻어먹은 밥상을 갚으려 서둘렀지만 어머니는 끝내 눈물범벅으로 지어낸 나의 밥상을 마주하지 못하신 채 내 곁을 떠나셨다.

"그 손이라도 두고 가지."

장례식에 오시어 안타까움에 애써 눈물을 쏟으시는 어머니의 지인들. 나는 비단 음식뿐 아니라 바느질 솜씨 또한 대단하시어 많은 이들에게 옷을 지어 주시던 인간 문화재 같은 내 어머니를 소중히 간직한다. 엄격한 선비 집안의 맏딸로 태어나 현모양처로서의 모든 품성을 완벽하게 갖춘 내 어머니의 뛰어난 인품과 감히 누구도 흉내 낼 수 없었던 특별한 솜씨들. 이제 와 비로소 너무나 뼈저리게 그리워하며 고개를 숙인다.

아직도 시시때때로 나의 밥상 한 모퉁이에 찾아와 나무람을 잊지 않으시는 어머니. 나는 뒤늦게 활화산처럼 타오르는 그리움의 통증을 짓누르며 쓸쓸함으로 늘 홀로 밥을 삼키시던 내 어머니의 밥상에 마주 앉는다.

유난히도 맏이인 나에게만 엄격하고 냉정하기까지 하시던 내 어머니. 어머니는 맏이인 내가 당신의 모든 솜씨를 그대로 닮아주었으면 하고 간절히 바라셨던 것이다. 그러나 늘 어머니의 울타리에서 벗어나려 애쓰기만 했던 지난날들이 당신이 홀연히 내 곁을 떠나신 후 또 얼마나 많은 회한으로 쌓여가고 있는지, 나는 이제야 뒤늦게 한 폭의 아름다운 수채화처럼 차려내시던 완벽한 어머니의 밥상을 흉내 내고 닮아 보려 애쓴다.

특별하고 또 특별했던 어머니의 밥상을 매 끼니마다 아무 생각없이 받아 온 우린 얼마나 행복한 자식들이었나. 그 어느 날 너무나도 쓸쓸하고 초라한 당신만의 밥상과 마주하고 계시던 어머니의 모습이 떠올라 불현듯 목이 메이는 아침이다.

한 무리의 까치들이 내 어머니의 특별한 소식이라도 가져온 양 겨울 나목 가지에서 여전히 푸드덕거리며 늦은 아침 그때의 내 어머니처럼 혼자 먹는 나의 쓸쓸한 밥상을 기웃거리고 있다.

일인극

무엇을 얻기 위한 허기인가. 길게 줄지어 늘어선 중년의 여성 관객들이 거의 똑같은 표정을 하고 비어 있어야 할 좁은 통로까지 꽉 채우며 그들이 공유한 열기를 잠재(潛在) 시킨다.

잠시 후, 호흡 조차 정지된 객석의 조명이 꺼지고 늙어가고 있는 한 사람의 여배우가 의연하게 버티고 선 작은 무대엔 화려한 불빛이 또 다른 조명으로 되살아난다. 또 다른 배우가 한두 사람 그녀를 도와 무대 위에 오를 것 같은 기대에도 빠져 보지만, 단 한 사람 중년 여배우의 절제된 몸짓과 독백을 듣기 위해 숨을 죽인 관객들은 시종 애틋한 감성과 냉정한 관조로 그녀만의 독백에 긴장하며 몰입 하기 시작한다.

추송웅의 '빨간 피터의 고백', 박정자의 '위기의 여자', 윤석화의 '딸에게 보내는 편지', 그리고 손숙의 '담배 피우는 여자'. 더러는 두세 사람의 배우가 무대 위에 오르기도 했지만 나는 거의 그들 자신이 주인공인 그들의 연극을 보며 언제부터인가 내 자신이 일인극의 주인공이 된 듯 도취되어 살아가고 있었다.

그들이 주인공인, 그들만의 무대는 그들만의 자존심으로 꽉 채워진다. 그 자존심은 때때로 레일 밖으로 벗어나 끝없는 욕망의 화신이 되어 인간의 영혼 깊숙이 추락하고 다시 추락한 자신을 온 힘을 다하여 끌어올리고 위로하며 막을 내린다.

사람들은 곧잘 인생은 한 편의 연극과 같은 것이라고 자조하지만 나는 여러 편의 연극을 본 후에도 아직 인생의 정의를 내리지 못하고 있다. 과연 있는 기운을 다 쏟아내며 자신의 무대에 열정을 태우는 일인극의 연극 배우처럼 스스로 연출해 낸 일상의 연극무대에서 최선을 다했는가에 의문이 크기 때문이다.

아름답게 늙어가는 중년의 여배우는 자신이 만들어낸 무대 위에서 혼신의 힘으로 관객을 사로잡으려 애쓰고 정지된 순간 속에서 그에게 뜨거운 시선과 감동을 보내는 대부분의 관객들은 어느새 한덩어리의 영혼체로 돌아가 감성의 잉여로 한숨을 내쉬고 훌쩍거리기도 한다.

몇 년 전 어느 날 우연한 기회에 사이코드라마(Psycho Drama)를 본 일이 있다. 잘생긴 청년의 절규가 각본 없이도 무대 위에서 고통과 감동으로 출렁거렸다.

"빛이 보인다. 내 사랑하는 여인의 고운 얼굴을 비쳐 줄 밝은 햇살이 스며든다.

아! 신이시여. 내가 오래도록 그녀의 고운 얼굴을 바라볼 수 있도록 하루가 저물지 말게 하소서."

준수한 용모의 그 젊은 청년은 학문의 울타리로 단단히 드리워진 캠퍼스 밖으로 뛰쳐나와 질서파괴 대열의 주인공이 되었다가 무관심한 관객들의 호응을 얻지 못하고 돌이킬 수 없는 상처를 입은 우리들의 수재였다.

16절지만한 작은 창문 틈 사이로 스며드는 어둠 속의 햇살을 바라보며, 최상의 주인공으로 대우받아야 마땅했을 그의 젊음은 절망으로 스러져 갔다. 진정한 자유를 갈구하던 몸부림의 반추였다. 그의 맑은 눈동자에선 이슬 같은 눈물이 뚝뚝 떨어지고 영영 잃어버린 그가 사랑하는 소녀의 미소를 그리며 원치 않는 무대의 주인공이 되어 있었던 것이다. 누군가 만들어 놓은 공연심의에 걸려 그의 일인극은 아마도 더 이상 관객의 호응을 얻지 못했으리라.

우리 모두는 각자 자신의 인생 무대에서 일인극의 주인공들이다. 고통과 갈등의 내용을 가진 비극의 주인공이 되길 싫어하고 저마다 행복한 일상에 안주하고 싶은 환상의 주인공이 되길 원한다.

늦은 하오에 혼잡한 거리에서 나는 비로소 일인극에 지쳐 있는 자신을 발견한다. 누군가를 위하여 좀더 아름답고 진실된 몸짓으로 살아내기 위해 안간힘을 쓰며 살아온 나날들이 결국은 나 자신을 지탱하기 위한 모노드라마의 주인공이었음에 놀란다.

"여기 버스 안이야. 십분쯤 후면 도착할 것 같아…"

고급 좌석버스 안에서 앞 좌석의 중년 남자가 핸드폰을 두드린다. 아마도 그를 기다리고 있을 그의 아내에게 자신의 거취를 알리려는 애정의 표현이리라. 나는 불현듯 그의 아내가 남편의 이른 귀가를 반가워 하지 않을지도 모른다는 생각을 해본다.

어둠이 서서히 내려앉는 거리를 보며 나의 마음 또한 다급해지기 시작한다. 나의 귀가도 식구들에게 알리고 싶은 충동에 닿는다. 그러나 전화를 받을 누군가가 내 집안에 들어오기 전에 나는 그들보다 먼저 그곳에 도착해야 한다는 초조감으로 애서 조급한 마음을 털어낸다.

버스에서 내려 폐장 무렵의 마트에 들러 약간의 찬거리를 사들고 부지런히 5층 계단을 오른다. 5층 꼭대기에 매달려 있는 내 집을 지친 몸과 마음으로 찾아드는 일이란 썩 괜찮은 일이다. 다행히 아무도 귀가하지 않은 텅빈 집안엔 완전히 내려앉은 어둠만이 소복이 깔려 있었다. 나는 곧이어 등장할 일인극의 주인공들을 위해 부지런히 집안의 조명을 밝히기 시작한다. 텅빈 집안의 어둠을 밝히고 TV를 켜니, 또 하나의 일인극이 감미롭게 펼쳐지고 있었다.

'When I need you', 'Crazy', 'Bamboléo' 등등, 스페인의 노익장 홀리오 이글레시아스의 절제된 음률이 텅빈 공간의 침묵으로부터 다시 나의 지친 심연을 건져 올린다. 그를 도와 무대에 등장한 조영남의 어눌한 위트에 나는 금방 행복해지고, 둘째의 친구 승연이의 귀여운 모습도 보이는 KBS 합창단의 아름다운 백

하모니도 어느새 일상의 빈혈로부터 나를 구원해내고 있다.

서로 다른 빛깔과 다른 모양으로 피어나 마주보며 향기를 전해주는 들꽃처럼 그렇게 무대 위의 배우들은 자신에게 맡겨진 역할에 최선을 다하며 관객들에게 감동과 위안을 주려 애쓴다. 나는 그들의 위로를 받으며 부지런히 저녁 밥상을 준비한다. 오늘 하루 저마다의 일인극에 최선을 다하고 허기져 들어올 가족들을 위하여….

귀에 익은 구두발자국 소리에 미리 문을 열고 서 있으니 제 몸무게만큼이나 무거운 가방을 등짐으로 짊어지고 계단을 오르는 막내의 모습이 오늘따라 유난히 대견해 보인다.

마당 넓은 집

　　마당 넓은 집이 있었다. 훈련소의 막사처럼 'ㄱ'자로 길게 나열되어 있는 여덟 가구, 각각 방 하나에 작은 부엌이 하나씩 딸려 있었다. 여덟 가구의 한 켠엔 별채처럼 들어앉은 주인집이 있었는데 그곳은 고물상이었다. 운동장만큼이나 넓은 마당은 온통 고물상의 리어카들로 꽉 채워져 담장 밖에서 보기엔 선뜻 그 안에 여덟 가구나 되는 많은 인구가 살고 있으리라는 추측조차 할 수 없었다.

　　한길과 담장 사이로 꽤 넓은 개천이 흐르고 있어 흔들거리는 철다리를 지나야만 그 집에 들어갈 수 있었다. 고물로 사들인 녹슨 철재를 이어 겨우 엮어놓은 다리는 건널 때마다 흔들거려 늘 불안하기 짝이 없었다.

　　이른 아침부터 엿장수들의 가위소리가 소란스러운 마당 넓은 집. 굳이 괘종 시계가 늦잠 자는 아이들을 깨우지 않아도 그 가위소리는 더러 지겨울 정도의 기상 명령이나 다름 없었다. 주인집과 셋집들 사이엔 제법 견고한 통 대나무 울타리가 둘러쳐 있어 미끄러질 듯 닳고 닳은 주인집 마당으로 엿장수 들의 리어카가 모두 들어가고 나면 대나무 울타리 사이로 얼기설기 엮어 맨 싸리문은 닫히고 드디어 마당 넓은 집에 고요가 찾아든다.

미용학원에 다니면서 동네 아줌마들의 파마를 미장원의 반값에 해 주는 경희 언니네 네 식구가 주인집인 고물상과 가장 밀접해 있어 조금 시끄러운 편이긴 하였으나, 날마다 깔끔하게 차려입고 취로 사업에 나가는 경희 아버지와 어머니는 개의치 않았으며, 중학교에 다니며 공부를 썩 잘하는 경희만이 시끄러운 환경에 불만이 많았다.

두 번째 학구네 집은 박사 출신 아버지가 여자보다도 집안일을 더 깔끔히 도맡아 하며 아내를 직장에 내보내고 있었다. 아들 삼형제가 인물이 수려하고 공부도 썩 잘하여 그들 내외는 안팎의 역할이 뒤바껴 있음에도 보람있는 하루 하루를 열심히 살아내고 있었다.

수군거리는 이웃들의 웅성거림에 의하면 학구 아버지는 전직이 산부인과 의사였는데 어찌어찌된 사정으로 인하여 그 일을 다시 할 수 없게 되었다는 것이다. 학구 아버지의 취미는 영화감상이었다. 그는 어느 날 '북경의 55일'을 보고 와서 주인공 에바 가드너에 대한 이야기에 몰두해 있기도 했다.

넓은 마당 한 켠에는 고물상에 굴러 다니는 판자들을 모아 학구아버지가 정성껏 만든 평상이 있었는데, 방 하나에 많은 식구가 갇혀 사는 마당 넓은 집 사람들에겐 유일한 쉼터가 되기도 했다.

특히 무더운 여름날이면, 저녁 식사가 끝난 후 곧잘 그곳에 나와 앉아 살아가는 이야기들을 주고 받았다. 이야기 솜씨가 뛰어난 학구 아버지는 실제 영화 이야기보다 더 부풀려 재미있게 이야기하는 바람에 하루의 일상이 불안한 사람들의 메마른 가슴을 촉촉이 적셔 주곤 했다.

가장 가운데 방엔 장성한 아들 사형제를 둔 월남 가족이 살고 있었는데, 그들 또한 범상치 않은 사람들이었다. 소설가 지망생, 중학교 선생, 그리고 회사원과 대학생인 막내 모두가 인텔리 계층이었으나 어찌된 일인지 그들 여섯식구 또한 한 방에 모여 가난하게 살고 있었다.

사춘기 문학소녀였던 나는 그 집의 소설가 지망생을 좋아 했었다. 그는 자신의 솜씨로 부엌 위에 아주 작은 다락방을 만들어 사다리를 놓고 오르내리며 늘 그곳에 엎드려 소설을 쓰고 있었다. 앉아 있기에도 서 있기에도 불편한 그 다락방은 작은 그의 집 부엌 한복판에 폭 좁은 사다리를 놓고서야 오르내릴 수 있는 곳이었는데 그래도 그곳에서 혼자 만의 자유를 누릴 수 있는 그가 나는 몹시도 부러웠다. 이따금 올라가 본 그의 다락방엔 누우런 원고지들이 정신없이 널려 있었고 한 쪽 구석엔 아무렇게나 쌓아놓은 많은 책들이 내게 묘한 전율을 느끼게 했다. 나는 그가 반드시 훌륭한 작가가 되리라 믿었다.

나의 가족은 그곳에서 맨 끝 가장 커다란 방에 살게 되었는데 우리는 이삿짐조차

친척집에 맡겨 놓고 여덟 식구가 난민처럼 그곳에 기거하게 되었다. 아버지의 완전한 사업 실패로 멀쩡한 집에 차압 딱지가 붙고 여덟 식구는 영락없이 거리로 쫓겨났던 것이다. 갑작스런 일상의 한파에 거리로 내몰린 식구들이 피난처로 찾아든 곳이었다.

힘겨운 나날들이 흘러갔다. 개구쟁이 사내동생들을 셋씩이나 거느린 맏이였던 나는 물지게를 지고 대문 밖 개천가에 있는 공동 수도에서 물을 길어 날라야 했다. 식구가 많아 빈 항아리마다 물을 가득 채워 넣는 일은 몹시도 힘이 들었다. 더러는 지나가는 남학생들이 휘파람을 불며 야유하기도 했으나 나는 아랑곳 하지 않았다. 새끼줄에 꿴 연탄 한 장씩을 저녁마다 사다 나르는 일도 또한 나의 역할이었다. 그것은 절대적인 가난의 체험이었다.

그 중에서도 가장 고통스러운 것은 새벽부터 동네 공동 화장실에 줄을 서는 일이었다. 나는 가능하면 꾹 참고 학교 화장실을 이용했으나, 식구가 만만치 않은 우리집도 아침마다 한바탕 난리를 치르곤 했다.

여덟 식구가 옹기종기 모여 앉은 방은 외풍도 몹시 심해 한 겨울엔 서로 아랫목 차지를 하려 나이어린 동생들은 자리다툼을 하기도 했다. 금쪽같은 연탄 한 장이 빨간 불씨를 이루며 다 타들어가도 온돌방은 겨우 냉기를 면할 뿐이어서 우리 식구들은 서로 체온을 부벼대며 그 온기로 혹독한 겨울을 이겨내고 있었다.

비교적 풍족한 생활에 익숙해있던 어머니는 되쌀 팔아오는 일조차 어린 나에게 시켜 나는 어두워진 밤에야 도둑고양이처럼 남이 볼까 두리번거리며 쌀 한되와 연탄 한 장씩을 사들고 오곤 했다. 지금 생각해도 그 일은 정말 내키지 않는 일이었다.

지독한 가난이 공존하던 마당 넓은 집의 생활은 그로부터 두 번의 혹독한 추위를 겪고 나서야 겨우 면할 수 있게 되었다. 엿장수들의 가위 소리가 아침 저녁 소란스럽던 60년대의 그 두 해는 나에게 참으로 길고도 혹독한 시간들이었다.

목욕조차 제대로 할 수 없었던 끈적한 여름, 그리고 유난히 눈이 많이 쌓이던 그 지독했던 겨울 추위, 새끼줄에 연탄 한 장을 꿰어 들고 하얗게 사위어 가는 불씨를 일으키려 애쓰던 일, 다시는 뒤돌아보고 싶지 않았던 그 암울한 시절을 나는 왜 지금 이다지도 그리워 하고 있는 것일까? 막연히 흘러간 것들에의 추억 때문만은 아닐 것이다.

'북경의 55일'을 보고 나에게 에바 가드너를 닮았다고 버릇처럼 얘기하던 학구네 아저씨가 그립고, 늘 내 머리를 단정하게 공짜로 잘라주던 경희 언니가 그립고, 개천가 공동수도에서 남자들도 힘든 물지게를 지고 일어설 때 격려하며 열심히 공부하라던 곰보 아저씨가 그립고, 가난했지만 희망을 잃지 않고 낭만과 해학조차 지니고 살던 그 마당 넓은 집의 식구들이 너무나 그리워지는 계절이다.

우리는 과연 희망적인 시대에 살고 있는가 아니면 절망적인 시대에 살고 있는가. 방 하나에 한 사람씩 들어가 문을 걸어 잠그고 한 집안에서 조차 가족끼리의 따뜻한 소통마저 점점 마모되어 가고 있는 요즘, 그 가난하던 시절의 따뜻한 이웃 들이 몹시도 그리워진다.

가난은 어쩌면 사람을 더욱 견고하고 사람답게 만들어내는 데 꼭 필요한 상황일런지도 모른다. 여름과 겨울의 구별조차도 제대로 되지 않는 현대 문명의 혜택 속에 살아가고 있는 내 아이들이 과연 가난의 실체를 공감할 수 있을지 알 수 없는 일이다.

난방이 잘된 너무나 따뜻한 실내에 앉아, 나는 꺼져가는 연탄 한 장에 체온을 덥히려 애쓰던 그 시절의 추운 겨울을 몹시도 그리워 하고 있다.

한여름 밤의 색소폰

비가 왼종일 부실부실 내리는 게 영 예감이 좋지 않다. 그러나 비가 그다지 사납게만 내리지 않는다면 그대로 공연이 이루어질 것이라는 기대감으로 부지런히 저녁 설거지를 거둔다. 바둑 채널을 고정시켜 놓고 미동조차 없는 남편과 며칠 안 남은 대학신문 기사 정리로 컴퓨터 앞에서 역시 꼼짝도 안하는 막내에게 함께 갈 것을 다시 권유해 보았으나 예상대로 반응이 없다. 철저하게 닮은꼴의 두사람을 남겨 놓고 잠시 비가 멎은 어두운 거리로 나섰다. 공원 입구에 들어서자 다시 제법 빗줄기가 굵게 쏟아지기 시작했다.

커다란 우산 하나에 들어서 있는 쌍쌍의 부부들, 젊은 연인들과 가방을 둘러멘 청소년들, 그리고 진작부터 공원 한복판에 자리를 잡고 앉아 있는 가족 단위의 사람들에 이르기까지 한여름 밤의 콘서트를 보기 위해 모여든 주민들은 점점 굵어지는 빗줄기 속에서도 조명으로 인해 대낮같이 환한 무대 위에서 펼쳐지는 팝, 재즈의 선율에 취해 아낌없는 갈채를 보내고 있다. 저녁식사를 막 끝낸 포만감 대신 알 수 없는 미묘한 공복감에 빠져 있던 나는 순간 진저리를 치며 튀어오르는 추억 저편의 색소폰 연주에 휘말려들고 있었다.

잃어버린 많은 사람들 중에 내가 특별히 그리워하는 한 사람이 있다. 그는 남편의 바로 밑동생인 나의 시동생이다. 형수와 시동생이라는 보편적인 관계 말고 그와 나 사이에 특별한 사연이 있는 것도 아닌데 나는 이따금 일상의 삭막함 속에서 그를 그리워한다. 다분히 논리적이고 이과적 성향이 강한 시가 형제들 중 유일하게 나와 여백의 정서가 맞물리던 가족이었다.

1971년 5월 15일 토요일 오후 2시.

오월의 신부였던 나를 위해 그와 그의 친구 다섯 명은 거의 식이 끝나 갈 무렵의 어수선한 나의 결혼식장에 뛰어들었다. 아름다운 형수에게 주는 선물이라는 간단한 멘트와 함께 그의 색소폰은 사랑의 기쁨을 슬프도록 감미롭게 연주했고 다분히 대중적인, 식이 끝날 무렵의 어수선한 식장의 하객들을 돌연 침묵의 바다에 눕게 했다. 피아노 연주를 제지한 그의 솔로 색소폰은 바그너와 오페라 로엔그린의 결혼행진곡까지 그 아름답고 기운찬 선율로 끝내 오월의 신부인 나를 울리고 말았다.

긴 인조 속눈썹이 떨어져 나가고 정성들인 신부 화장은 엉망이 되어 나는 결혼식이 끝난 후의 사진 촬영 내내 고개를 들지 못했다. 그는 음대 재학중 군 입대중이었는데 형의 결혼식을 위해 특별 휴가를 받아 그의 음악 친구들과 함께 식장으로 뛰어들어 가족들과 하객들을 놀라게 했던 것이다. 이후에도 그는 이따금 색소폰으로 가족들을 행복하게 했고 시댁의 독특한 분위기에 쉽게 적응하지 못해 어려움을 겪던 내게 많은 위안이 되었다.

오래 된 연인이었던 그의 아내와 결혼을 하고 그를 꼭 빼닮은 아들 하나를 얻은 후 시립 예술단의 단장으로 미주 공연을 떠난 후 시동생은 영영 돌아오지 못했다. 그의 젊은 아내와 어린 아들은 남은 가족에게 연민의 대상이 되어 갔고 나는 그들을 위로하며 공생하는 일상에 차츰 면역되어 갔다. 아직도 그를 잊지 못한 채 조용히 늙어 가고 있는 그의 아내의 외로운 방엔 그가 아끼던 낡은 색소폰만이 그의 그림자로 남아 時空을 뛰어 넘는 그녀의 순애보에 안주하고 있을 뿐이다.

나비 타이에 하얀 양복을 입고 하얀 베레모를 눌러 쓴 젊은 연주자 서정근과 그 친구들. 우리 동네 한복판에 한가로이 숨어 있는 파리 공원, 때때로 고단한 내 일상의 피난처가 되어 주기도 하는 이 곳에서 그들이 신들린 듯 쏟아내고 있는 재즈, 색소폰의 감미롭고 기운찬 선율은 20여 년 전 오월의 신부였던 나를 위해 감동의 무대를 연출했던 시동생과 그의 친구들이었다.

〈섬머타임〉, 〈그레나다〉, 〈영광의 탈출〉 등… 그리고 주민들의 앙코르를 받아들여 윤시내의 〈열애〉까지 혼신의 힘을 다해 연주해 내는 젊은 연주자 서정근의 색소폰은 현란한 조명 아래 더욱 시원스레 쏟아지는 빗줄기와 함께 긴 여름의 끝자리에 나태로 주저앉은 사람들의 정서를 끈적하게 일으켜 세웠다.

계절 따라 내가 좋아하는 가곡의 밤이 열리고 시립 관현악단의 교향악이 울려 퍼지며 오늘처럼 가슴 서늘한 재즈 색소폰의 아름다운 향연과 우리 동네 가수 김국환의 〈타타타〉도 곁들여 흥에 겨운 한여름 밤의 파리 공원에서 나는 혼자 비를 맞으며 추억의 세레나데에 젖어 있다.

여전히 바둑 채널 앞에 앉아 미동도 하지 않고 있을 20여 년 전의 신랑과 아직도 내 심연 깊은 곳에 무채색의 투명한 빛으로 괴어 있는 그 날의 색소폰을 그리워하며….

- 1995년 7월에

신문

신문 값이 밤사이 천원이 또 올랐다. 팔천원의 고지서가 날아든 것을 보고서야 나는 그걸 알았다.

FM의 클래식 선율이 잠시 나를 행복하게 하는 아침 나절. 식구들이 털어놓고 나간 일상의 먼지들을 정화시킨 후의 쾌적함에 스스로 대견해 하며 나는 비로서 한 잔의 커피와 신문을 펼쳐든다.

일면 이면 삼면 사면, 넘기다 보면 참 짜증나는 구석이 많다. 나는 우선 신문을 펴면 일면의 아랫단부터 읽기 시작한다. 오늘은 토장(土葬)과 화장(火葬)에 관한 유래를 실었다. 빼 먹은 것 같은 지식을 채워주는 실속 있는 구석이 있어 즐겨 읽는다.

다음에 사설이 실린 3면. 쓰는 이의 필치에 따라 그 빛깔과 꾸짖음이 선명하다. 그러나 48면이나 되는 일간 신문을 단번에 읽어 치우는 일이란 여간한 독서가의 인내력이 아니면 불가능하다. 쓸 데 없이 부피만 늘어난 것 같은 아쉬움에 괜스레 신문값이 터무니 없다는 생각이 든다.

학교로 직장으로 수면 부족에 시달리며 이른 아침 집을 빠져나가는 남편과 아이들은 아예 아침 신문보기를 포기하는 때가 더 많다. 퇴근한 뒤 귀가 후에 여유 있게 찾아 읽던 석간이었던 때가 좋았다. 석간이 조간으로 바뀐 후부터 신문은 알게 모르게 천덕꾸러기가 된 듯하다. 바쁜 아침 나절, 대강 대강 넘겨본 조간 신문을 저녁에 다시 찾는 식구들이 없는 걸 보면 불현듯 신문 값이 아까운 생각이 든다.

"우리 신문대신 차라리 월간지를 하나 더 보는 게 어때요?"

나의 제안에 그래도 신문은 꼭 봐야 한다고 남편은 일축해 버린다. 사흘이나 밀린 신문을 비교적 꼼꼼히 읽는 데 걸린 시간이 무려 두시간 삼십분이나 걸렸다. 다 읽고 나니 뒷머리가 뻐근하다. 결코 신문은 그날 그날 읽어 치워야지 미루어 두어서는 안된다는 생각에 기분이 씁쓰레 해진다. 그런데 문제는 며칠 전부터 신문 하나가 더 배달되기 시작한 것이다.

"○○신문 절대 사절"

문 밖에 큼지막하게 써 붙였으나 며칠이고 막무가내로 밀어 넣는다. 미처 펼쳐

볼 시간을 놓쳐버린 아까운 신문들이 폐지 박스 안에 그대로 버려진다. 역사의 일상을 기록해 놓은 기름 냄새 선명한 신문들이 독자들의 시선조차 만나지 못한 채 그대로 재활용 박스 안에 버려지는 모습이 안타깝다.

삼십 여 년전, 방학이 되어 시골 외가에 내려가면 외조부께서는 일주일 간격으로 읍내에 도착하는 신문을 받아 보시기 위해 신문이 도착하는 날은 새벽부터 외삼촌을 깨워 면사무소에 내려 보내고 초조하게 신문을 기다리시곤 하셨다. 조금 게으름을 피우면 그나마 한정된 부수로 면사무소에 도착하는 신문을 받아볼 수 없기 때문이다.

그 시절, 라디오 조차 없던 시골엔 그나마 일주일에 한번 도시에서 소포로 배달 되던 신문이 유일한 세상 소식이었고 문화접촉의 매개체였다. 화려하고 감각적인 TV영상 매체가 일반화된 이후 신문도 다른 도서들과 함께 일반 대중으로부터 적당히 버림받았다 해도 과언이 아니다.

어쨌든 나는 한 종류의 조간 신문도 읽을 틈이 없어 쩔쩔매는 아침 시간에 두 종류의 신문이라니, 가당치도 않다는 결론에 이르러 'ㅇㅇ신문 절대 사절'을 계속 써 붙이고, 그래도 효과가 없자 새벽잠을 좀 손해 보더라도 직접 신문 배달원을 만나 이야기 해보리라 마음먹었다.

드디어 벼르고 벼르던 날 이른 아침 다섯시 이십분. 아파트 계단을 올라오는 힘찬 발 소리가 들린다. 아직 찬 바람이 머물고 있는 2월의 새벽은 어둡고 차갑다. 짐짓 차가운 새벽 공기를 가르며 승강기도 없는 오층 아파트 계단을 힘겹게 오르고 있는 그가 가엾게 느껴진다.

밤사이 일어난 세상 이야기를 전해주려 추위와 어둠을 타고 올라오는 그에게 신문 그만 넣으라는 말을 하려고 청승맞게 새벽을 지키고 앉아 있는 자신이 답답해 보였지만 쌓이는 무용지물의 신문들을 떠올리니 부질없는 감상을 털어내고 용기를 내기로 했다. 나는 아예 그가 오기 전에 현관문을 열어 놓고 기다리기로 했다. 어떻게 말해야 할지, 그래 그냥 점잖게 말하자. 또 솔직하게.

"우린 정말 신문 하나 볼 시간도 없어요. 그러니 제발 신문 넣지 말아요"

죄지은 것 없이 괜히 선잠 깬 가슴이 팔딱거린다. 남편을 깨워 대신 말하라 할까, 이 새벽에 혹 험상궂은 청년이면 어떻게 하지? 그래 서로 상처 안 받게 잘 얘기하면 될거야.

소심한 내가 쓸데없는 걱정에 쌓여있는 사이 어느새 예순 여덟 개의 계단을 힘겹게 다 올라온 아이는 오히려 열려있는 현관문을 보고 깜짝 놀란다.

"너?"

"엄마!"

뜻밖에도 두툼한 츄리닝에 모자를 눈 밑까지 푹 눌러쓴 막내였다. 밤늦게까지 공부에 쫓겨 지금쯤 단잠에 빠져 있으리라 방문을 열고 확인조차 안했던 막내의 뜻밖의 출현이었다. 하나 보기도 힘든데 넣지 말라는 신문을 자꾸 넣으니 귀찮아 죽겠다는 엄마의 푸념에도 시치미를 떼고 의연하던 녀석의 엉뚱한 행위에 나는 할 말을 잃었다.

쏟아지는 잠도 쫓고 운동부족도 저절로 해결될 것 같아 단지 내에 있는 신문보급소를 찾아갔다는 아이의 손엔 신문값을 낼 필요가 없는 조간신문 한 질이 들려 있었다.

이후로도 몇 달 동안 우리 집에 'ㅇㅇ신문 절대 사절'과 상관없는 한 종류의 조간신문이 계속 배달되었다. 막내의 신문 배달 덕분에 우리 식구들은 두 종류의 아침 신문을 가능하면 착실하게 읽어내느라 시간 쪼개기에 바쁜 나날들을 보내고 있다.

나는 막내의 신문배달이 끝나는 날, 신문 값 팔천원 씩을 별도로 계산해 막내에게 지불했다.

축복

햇살은 따뜻하고 바람은 선선하다
죽을 것 만 같던 한여름 무더위에도
목이 타들어가는 질식의 가뭄에도
침묵보다 견고한 인내로 잘 견뎌낸
온갖 푸르른 산야의 초목들이
어느새 고운 빛으로 몸단장을 시작하고
대자연의 섭리앞에 온순해진다

아이들이 사라진 저녁나절
놀이터 한 모퉁이 오래된 벤치에 앉아
한 모금 담배를 죄인인 듯 피워 올리는
102호 할아버지 그의 노을진 인생에도
더 이상 누군가의 눈치를 보지 말고
한줄기 시원한 가을 바람같은
생의 설레임과 기쁨이 찾아들기를
나는 간절히 기도해본다

소년

아지랑이 피어나는
소년의 얼굴에
새싹이 움튼다
새순이 돋는다

청운의 꿈 꿈틀대는
소년의 가슴에
하이얀 물감이 번진다
노오란 티끌이 묻어난다

오늘만난 길가의 들풀이
어제 같지 아니하고
오늘 살랑대는 초여름 바람이
어제의 무정(無情)같지 않아라

하늘 끝 어딘가에
순백의 여정이 머물고
소년의 영혼은
낮달을 만난듯
환하게 피어난다

깨어있어도
꿈을 무는 소년이여
가슴을 열어
대지를 삼키자
하늘을 삼키자

깨어 있는 밤

바람 한 점 없는 어둠 속에 나는 날아갈 듯이 서 있다.

육중한 체구를 끌고 차들은 기운차게 달리고 건너편 주유소에는 나이 어린 한 무리의 소년 소녀들이 멈춰서는 한 대의 차 주위를 토끼몰이를 하듯 에워싼다. 자정이 훨씬 넘은 한밤중인데도 여기저기 등대 같은 불빛들로 거리는 잠들지 않고 깨어 있다. 아무도 서 있지 않은 교차로에서 비틀거리며 빨간 신호등 사이를 걸어가는 중년의 취객을 물끄러미 바라보며 나는 신호등이 바뀌기를 기다린다.

한적한 밤 하늘엔 그래도 푸른빛의 강렬한 별 두어 개가 반딧불처럼 어두운 지상을 비춘다. 불면의 밤을 이겨내지 못하고 겁없이 자정이 넘은 거리로 나선 나는 물먹은 솜처럼 지친 생명으로 낯선 거리를 배회하듯 사방을 두리번거린다.

건강을 많이 놓쳐 버린 이후 언제부터인가 잠들지 못하는 밤이 많아졌다.

식구들이 모두 곤한 잠에 떨어진 정적(靜寂) 속의 집안에서 잠들지 못하는 고통을 이겨내려고 무작정 거리로 나섰으니 뚜렷한 목적지가 있을 리 만무다. 주유소의 아이들처럼 토끼몰이에도 써먹을 수 없는 나의 가벼운 기운은 그저 비어 있는 아스팔트 주변 도로를 한 뼘쯤 차지하고 서서 방향 감각을 상실했을 뿐이다.

광풍의 거리에서도 미동없이 서 있을 수 있는 영악한 젊음만이 소용닿는 도시에서 나는 너무 오랫동안 눈치없이 잘 버티고 살아온 것 같다. 밤이 깊어갈 수록 전장터의 탱크 같은 중장비들이 수심(獸心)으로 달리고 얕은 산의 메아리 같은 간헐적인 외마디 소음들이 깊어 가는 한밤의 고요를 흔든다.

교차로를 건너 저만큼 자리잡고 있는 포장마차 안에 어떤 이유로든 잠들기를 거부한 사람들의 그림자가 너울거린다. 바뀐 신호등을 따라 나도 교차로를 건넌다.

서로 부둥켜안고 소주잔을 기울이던 찐득한 우정의 두 젊은이가 미확인 비행물체라도 발견한 듯 탄성을 지르는가 했더니 치고 받고 주먹질이다. 포장마차 안에 포장되어 있던 오래된 우정의 빈 알갱이들이 끈끈한 갈등을 빚어내며 튕겨져 나온 모양이다.

부지런히 국수를 삶아 낼 뿐 포장마차 주인은 그들의 싸움엔 관심도 없다.

작은 소주잔이 비명으로 아스팔트 길 위에 산산조각이 나고 국물이 홍건한 국수 양푼이 포물선을 그리듯 멀리 떨어져 나가도 구레나룻이 수북한 장년의 포장마차 주인은 미동도 하지 않는다. 무관심의 상거래 속에서 진동을 일으키며 두 젊음이 상권 밖으로 멀어져 가자 드디어 국수 말던 손을 털어내며 그들을 쫓아가 덜미를 잡는다.

구겨진 지폐 몇 장을 곱게 펴들고 다시 마차 안으로 기어드는 그는 이 도시의 굳건한 모범생 같다. 갑자기 그에게 다가가 학교 다닐 때 반에서 몇 등이나 했는지 묻고 싶어진다. 일등만 했던 수재 같기도 하고, 십등 정도 했을 것 같은 그저 보통 우등생 같기도 하고, 반에서 중간 정도 했을 그저 평범한 학생이었을 것도 같고 쉽게 가늠되지 않는다. 십등이면 어떻고 꼴등이면 또 어떠랴. 그가 싸우며 달아나는 한밤의 무법자들에게서 쉽게 이익금을 챙겼으니 똑똑한 사업가 임에는 분명하다. 적어도 처자식을 굶기지 않을 것 같은 든든함이 위태로운 내 사고(思考)를 안정시킨다.

성성한 생명력을 가진 젊음의 고뇌는 어떤 것일까. 막막한 염세주의에 빠져 잠못들고 방황하던 내 젊은날의 찬란했던 슬픔이 그립다. 다시 돌아갈 수만 있다면 힘껏 줄당기기를 하여 그 슬픔을 아름답게 수 놓으며 살아가리라. 날마다 바닥난 샘물이 조금씩 고여들던 나의 젊음은 절망의 끝에서 곧잘 객기의 문턱을 잡고 늘어졌었다.

한동안 폭좁은 긴 의자는 비어 있었다. 안주 한 접시와 그가 부지런히 삶아낸 국수 한 그릇이 불어터지기 전에 얼른 팔려야 할텐데…. 이따금 지나치는 젊은이들과 주정꾼들이 야속하다. 서서히 새벽은 밝아오고 퇴행성의 내 육체와 졸음에 겨운 나약한 영혼은 비척거린다. 주먹 안에 꼭 쥔 작은 지갑을 의식하며 포장마차 앞으로 다가간다. 등받이가 없는 의자가 고장난 내 허리를 받쳐 줄 리 만무다. 힐끗 바라보는 시선에 별다른 유감은 있어 보이지 않는다.

"한 그릇 말아 드릴까요?"

그는 그저 보통의 군중들 속에서 들려오는 적당히 갈라진, 김치 냄새 나는 시큼한 음성을 가지고 있었다. 나는 고개를 끄덕이고 그는 김치 없는 국수 한 그릇을 말없이 내 앞으로 밀어 놓는다.

한밤에 혼자 거리를 방황하는 보잘것없는 중년의 여인에게 그가 조금만 관심을 가져 준다면 나는 제법 그에게 신선한 충격을 느끼게 할 만큼 그럴싸한 이야기를 엮어갈 의사(意思)도 있지만, 그는 은진미륵처럼 큰 몸집에 어울리게 요지부동(搖之不動)이다. 따끈한 국물이 싸아~하니 졸음을 거둬낸다. 오래 서 있어 마비되었던 두 다리가 후들거리기 시작한다. 지금쯤 깊은 잠에 빠져 있을 남편과 아이들의 얼굴이 떠 오른다.

"한 잔 드릴까요?"

끄덕이는 내 앞에 그는 소주 한 잔을 따라 놓는다. 부지런히 칼집을 내며 해삼, 멍게를 손질하는 그의 손놀림이 정교하다. 밤거리에서 얻어마신 소주 한 잔과 오뎅 국물 한 그릇에 불어터진 나의 오장육부는 어두운 거리 미세한 세균들이 떠다니는 불빛 사이를 표류하며 귀소본능을 거부하려 한다. 대낮처럼 밝은 불이 켜있는 맞은편 주유소엔 여전히 소년, 소녀들이 이따금 멈춰서는 한 대의 차 주위를 에워싼다. 아마도 가출한 아이들일 것이다. 저 아이들의 부모들은 이 밤 편히 잠들어 있을까?

한여름 밤의 나의 무단 외출을 모른 채 평온한 잠에 빠져 있는 남편과 아이들이 있는 집으로 나는 다시 발길을 돌린다. 그다지 오래지 않아 신선한 아침으로 깨어날 그들의 새로운 날과 또다시 동행하기 위해….

- 1994년 5월에

친구의 빈 자리

끝없이 울려대는 전화벨 소리가 잠시 노곤한 아침잠에 빠져있던 나를 힘겹게 일으킨다. 더듬거리며 수화기를 들었으나 소리가 없다.

"이봐! 우리 집에 커피 마시러 와."

시간의 흐름처럼 무정한 것이 없어서 그녀가 우리 곁을 떠난 지 어느 새 일 년이 훌쩍 지났건만 아직도 그녀 특유의 해맑은 목소리가 환청인 듯 귓전을 맴돈다. 지난밤 그녀 아들의 전화를 받고 잠을 설친 탓이다.

그녀의 아들은 내게 군입대 소식을 전해 주었다. 두 딸을 얻은 후 뒤늦게 본 아들을 그녀는 자기 방식대로 끔찍이도 사랑했다. 수험생 아들을 위해 저녁밥을 새로

지어 따뜻하게 학교로 배달하던 그녀였다. 점심 저녁 두 끼니를 모두 식은 도시락으로 먹게 할 수 없다는 것이 그녀의 지론이었다. 그녀가 잘 키워 놓은 그녀의 아들은 이제 군입대를 한다.

나는 착잡하게 얽혀드는 그녀의 환상을 쫓아내려 창문을 활짝 열어 젖혔다. 맞은편 오솔길 언덕 아래 진달래 개나리 군상이 만개하여 장관을 이루고 있다. 아이들을 데리고 나와 사진에 담는 젊은 엄마들의 풍경이 한 폭의 수채화 처럼 곱고 예쁘다. 지난밤 그녀 아들의 전화를 받고 잠을 설친 탓에 무거워진 눈꺼풀을 상큼하게 씻어 내기에 충분한 정경이다.

나는 잠시 내 아이들과 저런 모습으로 함께 했던 추억의 시간들을 돌려 앉힌다. 아이들의 성화에 못이겨 카메라 집어들고 습관처럼 만만하게 찾아가던 곳이 덕수궁이었다. 제 집 앞마당처럼 경내를 휘젓고 다니던 아이들의 모습이 쪼로로 눈앞에 와 멈춰선다. 아이들의 움직임은 예나 지금이나 다를 게 없어서 울동처럼 아름답고 풀잎에 얹힌 한 점 투명한 이슬처럼 앙증맞고 싱그럽다.

그녀가 없는 빈 들에 다시 봄은 찾아오고 그녀가 즐겨 부르던 노래처럼 '봄의 교향악'이 따뜻한 봄날의 여기 저기에서 울려 퍼지고 있다. 그녀는 둘도 없는 나의 내연의 친구였다. 매사에 긍정적이고 적극적이며 또 낙천적이기까지 한 그녀의 투명한 성품은 소심하고 내성적인 나의 앞자리를 곧잘 채워주었다. 그녀는 언제나 쉴 새 없이 말하고 쉴 새 없이 만들어내고 있었다.

나는 그런 그녀의 모습이 기운차 보여 좋았다. 군자풍의 그녀의 남편과 아버지를 닮아 말수가 적은 그녀의 아이들은 언제나 일방통행적인 그녀의 수다를 일상의 공기처럼 받아 마시며 평온하게 살아내고 있었다.

밥상을 잘 차려내는 그녀의 집엔 손님이 끊이질 않았다. 게으른 친구들은 그녀가 빚어내는 맛깔스런 밑반찬과 김치를 얻으러 뻔질나게 드나들었고 나 역시 남편이 좋아한다는 핑계로 그녀 특유의 맛이 담긴 갓김치와 파김치를 많이도 얻어다 먹었다. 아예 그녀는 그녀의 팬들을 위해 사시사철 김장을 담그고 있었다.

더러 양심이 살아있는 친구들이 도와주러 가겠다고 하면 김치 담그는 날만은 제발 피해서 오라는 그녀였다. 이유인즉 이손 저손이 김치 양념에 섞여들면 김치 맛을 아주 버리게 된다는 것이 그녀가 터득한 확실한 정론이었다.

그녀는 그녀의 집안을 온통 그녀만의 분위기로 채워 넣고 있었다. 그녀의 집은 물론 그녀의 가까운 친척, 친구들의 집마다 그녀의 흔적은 옮겨 다녔다. 보는 이마다 예쁘다고 탐내는 내 집 커튼도 재작년 내 생일에 그녀로부터 받은 끔찍한 선물이다. 그녀의 손놀림을 보고 있노라면 마치 알라딘의 미술램프처럼 신기하기만 하다.

그녀는 아이들도 잘 키워냈다. 엄마의 친구들이 찾아가면 외투를 받아 걸고 다과상을 정갈하게 잘 차려 내놓는 그녀의 딸들은 우리 모두가 탐내는 훌륭한 며느리 감들이었다. 성실한 공무원인 그녀의 남편과 오랜 세월을 함께 살면서 변변한 여행 한번 해본 일이 없는 그녀는 지난해 아들을 대학에 보내놓고 남편과 해외여행을 떠나기로 계획해 놓고 있었다.

그러나 그녀는 그녀의 남편을 남겨두고 혼자만의 외로운 여행을 떠나버렸다. 서울의 시댁에서 추석 명절을 보내고 청주에 있는 친가에 뒤늦게 혼자 부모님을 뵙고 오던 길이었다. 워낙 빈틈없는 아내인지라 운전 솜씨도 믿고 있었던 그녀의 남편은 한번쯤 아내를 만류하지 못한 것을 두고두고 후회하느라 지난 겨울 동안 몰라보게 늙고 야위었다. 이제 그녀는 누구의 곁에도 없다. 내 딸들의 결혼식에 내 어머니 대신 폐백 음식 까지 책임지겠다던 그녀는 자신의 딸 하나도 여의지 못한 채 떠나 버렸다.

그녀는 이 시대에 드문 향기로운 여인이었다. 우울증에 빠진 또래 친구들에게 새로운 삶의 빛을 던져준 의연한 부처 같은 존재였다. 아직도 그녀의 부재를 인정하려 들지 않는 그녀의 남편과 아이들은 곧 우리들의 남편과 아이들이기도 하다.

나는 때때로 남편과 아이들을 벗어나 이전의 자신으로 돌아가고 싶은 외로운 상념에 사로잡히곤 한다. 그러나 홀연히 바람처럼 사라져 버린 그녀의 빈 자리를 바라보며 기독교에서 말하는 십자가의 참뜻과 불가에서 전하는 업보의 의미를 떠 올려 보곤 한다.

돌아오는 주말엔 그녀의 아들과 함께 그녀의 외로운 요람을 찾아가 그녀가 좋아하던 진달래 한 묶음 전해주고 자주 엄마를 찾는 그녀의 여린 아들이 군 생활을 잘 해낼 수 있도록 지혜와 용기를 달라고 부탁해야겠다.

- 1996년 9월에

잃어버린 시선

"어린 송아지가 부뚜막에 앉아 울고 있어요. 엄마아~ 엄마아~ 엉덩이가 뜨거워~."

도심의 소요조차도 외면한 듯, 적막하기까지 한 한가로운 아파트 단지 내의 오전 열한 시경, 주부들이 혼자 집에 있거나 더러는 비어 있는 집들이 많은 조용한 시간이다. 온통 샛노란 봄빛으로 단장한 병아리 떼 같은 한 무리의 유아원 아기들이 윤기나는 긴 단발머리를 등허리께 까지 늘어뜨린 젊고 앳된 여선생의 뒷걸음질 박자에 맞추어 노래를 부른다.

엷은 갈색 선글라스에 군청색 멜빵 바지와 노란색 티셔츠, 토실토실 보기좋게 살이 오른 엉덩이를 적당히 흔들며 아이들 사이로 비집고 들어가 그들의 흉내를 내며 함께 걸어가는 한 여자가 있다.

한창 아이들 틈에 섞여 어린 송아지를 따라 부르던 그녀는 슬그머니 대열에서 빠져나와 슈퍼마켓 맞은편에 있는 나지막한 소나무 동산 위로 기어 오른다. 특별 보호 관리지역인 단지 내의 소나무 동산 침범을 한두 번 만류하던 경비 아저씨도 이제 그녀만의 특별입장만은 방관하기로 한다. 그녀는 우리 동네에 살고 있는 서른 여섯살의 천사다. 언제나 아이처럼 천진스런 그녀의 모습을 만날 때마다 나는 연민과 동심으로 그녀에게 다가간다.

잘 가꾸어진 짙푸른 잔디가 윤기있게 흐르는 솔밭 언덕 가장자리로 영악하게 피어나는 색색의 작은 풀꽃들이 저물어 가는 초여름의 태양 아래 한껏 반짝이는 생명력을 뿜내고 있다. 그녀가 그중 가장 울창한 소나무 그늘 아래 편안하게 자리를 잡고 앉으면 어느새 그녀를 알아본 한 떼의 비둘기들이 비상을 망각하고 뒤뚱거리며 모여든다. 그녀는 먹고 있던 비스킷을 잘게 부수어 그들과의 유희를 시작한다. 어떤 놈은 아예 그녀의 손바닥 위로 오르락 내리락 거리며, 또 어떤 놈은 서로 먹이다툼을 하며 그녀와 더불어 평화롭다.

내가 그녀를 알게 된 것도 벌써 십 년의 세월이 흘렀다. 처음 만났을 때 긴 생머리의 곱고 앳된 모습이던 그녀가 어느새 짧은 숏커트 머리로 단정하고 깔끔해 보이는 성숙한 삼십대 여인의 모습으로 변해 있다.

갓 심어놓은 키 작은 묘목들이 알몸을 드러내던 십년 전 소나무 동산도 어느새 무성하게 자라 이제 제법 만만한 그녀의 보금자리가 되어 있다. 그러나 그녀에게는 시간의 나이테와는 달리 아무 것도 변한 것이 없다.

그때부터 지금까지 여전히 '어린 송아지'를 따라 부르며 아이들의 평화로운 유희 행동에 동행하고 있을 뿐이다. 그 때의 아이들이 어느덧 중고등학교 교복을 입은 청소년으로 자라 있어도 여전히 그녀는 유아원생이다. 늘 끼고 있는 갈색 선글라스 안에 숨겨진 그녀의 초점 잃은 눈빛과 이따금 마주칠 때면 이제 나도 그녀에게 은근한 미소를 보내곤 한다. 그러면 불현듯 그녀는 내게 "어디가?" 하고 끈기 없는 물음을 던지고, 나는 애써 "슈퍼마켓에 가." 하고 대답한다.

때론 아파트 놀이터 안 하늘을 온통 가린 채 무성하게 천장을 드리우고 있는 등나무 아래 그늘진 벤치에 한가로이 누워 잠들어 있는 그녀를 만나기도 한다. 나는 커다란 아기같은 그녀의 모습이 안쓰러워 그녀의 생명이 다하는 날까지 세상이 이만큼만 변하지 않고 머물러 주었으면 하고 간절히 희망해 보기도 한다.

잠들어 있는 그녀의 손끝에는 여전히 새들에게 먹일 군것질거리들이 들려 있다. 이젠 영리한 참새떼들 조차 그녀를 알아본다. 어디선가 솔방울처럼 떼구르르 잽싸게 날아와 그녀의 손끝에서 떨어지는 팝콘 쪼가리를 영악하게 낚아 채간다.

그녀의 주변에 몰려드는 것은 비둘기나 참새떼만이 아니다. 그네와 미끄럼틀 위에서 놀던 아이들과 쓸쓸한 노인들도 이제는 그녀의 친근한 벗이며 이웃이다. 그들과 함께 노래도 부르고 때론 춤도 추는 그녀. 살아온 많은 날들을 한결같이 자랑삼아 이야기하며 쇠락한 황혼을 다듬이질하는 노인들은 그녀로 인해 까마득한 유년의 추억으로 되돌아가 무한의 동심에 젖는다. 세월의 이끼가 끼지 않은 그녀의 모습은 어쩌면 정화된 인간의 표본인 듯하다.

그녀는 칠순의 노모와 단 둘이 살고 있다. 그녀의 어머니는 해질녘이면 놀이터에 나와 새들과 아이들과 노인들 속에 묻혀 즐겁기만한 그녀를 마치 젊은 엄마가 갓 걸음마를 시작한 어린 자식을 달래고 타이르듯 그렇게 그녀를 챙겨 집으로 들어 간다. 더러는 한가롭지 않은 일상에 쫓겨 '어떤 특별한 사람의 근황'으로부터 망각되어 있을 때, 나는 그녀의 가장 가까운 벗이기도 했던 경비아저씨로부터 가슴 아픈 소식을 듣게 되었다.

"어머니가 돌아가셨대요. 어떻게 살아갈는지…" 연민이 출렁거리는 눈빛으로 그는 말했다.

순간 나는 우주를 잃고 혼자 남겨진 그녀의 난감한 일상이 떠올랐다. 그녀에게 어머니는 어떤 존재였을까. 해와 달과 별만큼이나 그녀의 가슴 가득 온 우주의 모습으로 아름답고 소중했을 어머니. 멀쩡한 자식들의 효도조차 마다한 채 길 잃은 어린 자식 하나 아끼고 보살피며 사는 일생을 기꺼이 선택할 수 밖에 없었던 그녀의 어머니. 긴 세월 마모된 고통을 청소하듯 쓸어내며 서로 해바라기 처럼 마주보며 앉아 웃고 울었을 모녀.

열대야가 계속되는 뜨거운 여름 내내. 그녀의 모습은 놀이터에서도 소나무 동산 위에서도 보이지 않았다. 나는 그녀가 다른 가족들에게로 흡수되거나, 그렇지 않으면 그녀와 같은 사람들이 모여 있는 집단으로 수용되어 갔으리라 생각했다.

어쩌다 미운 오리새끼들처럼 뒤뚱거리며 단지 내를 걸어 다니는 한 무리의 비둘기 떼를 만나게 되면, 나는 마치 목동을 잃은 양 떼들 같은 비둘기들에게 그녀의 안부를 하루속히 알려 주어야 할 것 같은 사명감 같은 것에 사로 잡히기도 했다.

소나무 동산 위에 올라앉아 한폭의 아름다운 그림을 구도해내던 그녀. 그녀가 그녀를 그리워하는 사람들의 마음 밖으로 조금은 멀어져 갈 무렵, 뜻밖에도 나는 버스정류장 빛바랜 플라스틱 벤치에 기운없이 앉아있는 그녀를 발견했다. 여전히 갈색 선글라스에 긴 멜빵바지, 그리고 노란색 티셔츠를 입고 있었다.

"왜 여기 있어?" 나는 반가움에 달려가 물었다.

"엄마 기다려."

갈색 선글라스 안 그녀의 촛점 잃은 눈망울 속엔 삶의 동반자를 잃은 슬픔이 가득 고여 있었다. 며칠 후 나는 그녀를 잃고 방황하던 한 떼의 비둘기들이 다시 그녀의 주변으로 뒤뚱거리며 모여드는 예전의 정경을 또다시 만났다. 해 질 녘이면 그녀의 손을 이끌고 들어갈 어머니를 잃은 채, 그녀는 미아처럼 여전히 아이들 틈에 섞여 노래를 부른다.

"어린 송아지가 부뚜막에 앉아 울고 있어요.
엄마아~ 엄마아~ 엉덩이가 뜨거워~."

— 1995년 10월에

함진아비

"함 사세요. 함~." "함 값이 잠시 하락세로 돌아섰습니다. 기회를 놓치지 마시고 어서 나오세요. 순간순간 주가가 상승세를 타고 있습니다."

겨울을 재촉하는 가는 빗줄기가 무겁게 내려앉는 어둠과 함께 희뿌연 가로등 불빛 사이로 흩뿌리기 시작하는 토요일 저녁, 참 오랜만에 들려오는 정겨운 소리에 어둠을 젖히고 나는 창문을 연다. 한동안 만나기 힘들었던 함진아비와 그를 에워싼 네댓 명의 악동들이 맞은편 고층아파트의 어느 집안을 향해 소리를 모아 흥겨운 한마당을 펼치고 있다. 경사스러운 두 집안 간의 인륜지대사에 반드시 복합적으로 행해지던 전통 의식이 한동안 사라져가고 있었던 듯 참으로 오랜만에 느껴지는 신선함이다. 아마도 온종일 함진아비의 행차를 초조하게 기다리고 있었을 신부집에선 기왕 내리기 시작한 비가 좀 더 올 굵게 쏟아져서 그들 일행이 일단의 짓궂은 흥정을 거두고 자발적으로 함을 지고 집안으로 들어서 주기를 바라고 있는지도 모를 일이다.

물끄러미 그들의 하는 양을 바라보고 있노라니 순간 나는 세속적인 호기심이 발동하여 모처럼 즐거운 혼인의식의 풍정(風情)이 그들 나름대로 준비했을 비장의 각본으로 버텨내어 좀 더 오랫동안 끈끈하게 연출해 주기를 은근히 기대 해 본다.

간혹 잘못 선택된 함꾼들의 상식을 벗어난 행위로 인해 신부집에 뜻밖의 고통이 수반되어 갈등의 소지를 빚어내고 있는 불상사가 있기도 하지만 역시 잔칫집엔 함진아비들의 흥겨운 마당놀이가 있어야 제격인 것 같다. 나는 20여 년 전 나의 결혼식 전야에 있었던 함진아비들의 모습을 떠올리며 잠시 즐거운 추억에 젖어 보기도 한다.

유난히 좁고 긴 골목길 안에 있던 우리 집, 함진아비들이 일렬 종대로 길게 늘어서서 "함 사시오!"를 소리 높이 외쳐대며 온 동네를 떠들썩하게 만들었던 그때의 신랑 친구들은 온갖 어릿광대 흉내를 내며 동네 사람들에게 즐거운 볼거리를 제공했고 구경나온 동네 아낙들은 함 받이가 따로 없이도 그들의 있는 힘을 모아 함꾼들을 내 집 대문안으로 밀어 넣는 데 합류했었다.

신부의 어머니는 정성 들여 준비한 찰떡 시루를 앞에 놓고 정중한 맞절로 예의를 갖추어 함진아비의 함을 조심스레 받아들었고 못 이기는 척 함을 지고 들어온 함꾼들은 신부 집에서 마련해 놓은 주안상과 다과상에 즐거워했다. 모두가 어려운 시절이었지만 잔칫날 만큼은 인심도 풍성해서 어머니는 골목안 이웃들 에게도 잔치 음식을 함께 나누고 그들 또한 한 마음으로 축하해 주며 함께 즐거워 했다.

나는 머지않은 내 딸의 결혼에도 훈훈한 두 집안 간의 정이 담긴 등짐이 함진아비에 의해 내 집 문턱에서 한바탕 따뜻한 실랑이를 벌여주기를 상상해본다.

요즘 한창 유행하는 대중가요인 '꿍따리 사바라'까지 동원하며 재치와 유머로 함진아비를 끌어들이려는 신부 친구들의 노래와 춤 공연까지 곁들어져 함꾼들의 함 값 홍정은 한창 클라이막스에 달하고 있었다. 결코 만만치 않은 거래가 벌어지는 듯 보인다.

그때였다. 적당히 둘러선 관람객들 사이로 결코 초대하지 않은 뜻밖의 이방인들이 나타났다. 신부측의 함 받이가 아닌 일부 주민들의 소음공해 신고를 받은 아파트 경비아저씨들이 출동한 것이다. 흥겨운 한마당이 펼쳐지고 있던 그들의 단막극은 신부 측도, 함진아비 측도 아닌 엉뚱한 제삼자의 개입에 의해 공연정지 처분이 내려졌다.

가을을 걷어가는 차가운 초겨울의 밤공기가 그들이 떠난 텅 빈 공간을 무심히 배회하고 있다. 후두둑 소리를 내며 굵어지기 시작하는 비바람에 처연하게 나목으로 남지 않으려 버티고 선 가로수 끝 가지에 안간힘을 쓰며 매달려 있던 빛바랜 단풍잎 한 무리가 그들이 떠난 자유무대 위로 한꺼번에 떨어져 내린다.

"함 사세요. 함~. 함값이 바닥세로 떨어졌습니다."

- 1994년 11월에

이별

뜨거운 햇살이 사라지고
파아란 하늘이 다소곳해진 저녁이면
길가의 풀들과 속삭이며 숲길을 가리라
꿈을 꾸듯 살아온 그 많은 여름 날들이
한낮의 땀들이 식어가는 내 몸안으로
가만히 주저앉게 버려 두리라

아무런 생각도 없이 아무런 말도 없이
한없이 수줍기만 했던 그 여름날의 사랑이
내 영혼 안에서 다시 빛나게 하리라
그리고 나는 아주 먼 곳으로 떠나리라

이별이 없는 영원한 자연 속으로
눈빛이 선량한 그대와 함께
행복했던 여름 날의 숲길을 따라
두 손을 마주 잡고 걸어가리라

조화

조화 두 화분을 샀다. 색색의 고운 들꽃이다. 보라색 안개꽃까지 곁들인 아주 예쁜 화분이다. 아무렇게나 길가에 피어있는 들꽃들이 서로 겸손한 향기를 주고 받으며 도란도란 자기들만의 밀어를 속삭이는 듯 보기 좋다.

저만치 거리를 두고 상점 밖에서 그것들을 바라보다가 나도 모르게 그 고운 모습에 반해 들고 나왔다. 장미도 백합도 수선화도 아닌 이름 모를 들꽃 두 화분을 얼떨결에 사들고 누가 볼까 부끄러워 쇼핑백에 보이지 않게 깊숙이 눌러 넣고 서둘러 집으로 가져왔다.

나는 그것들을 욕조 안에 넣고 샤워기를 틀어 물을 흠씬 뿌려주었다. 쇼핑백에 주눅든 채 갇혀있던 꽃들이 곰실곰실 생화처럼 살아나는 듯 보였다. 파란 잎이 반짝거리고 작고 야무진 빨강, 보라, 노랑색의 꽃들도 생기가 돌았다. 그것들을 거실 한 구석 작은 테이블 위에 나란히 놓았다. 향기마저 전해지는 듯 정말 예뻤다.

몹시 추웠던 지난 겨울, 설 명절을 쇠느라 이틀 동안 시댁에 다녀오고 보니, 담쟁이덩굴처럼 야무지게 잎줄기를 쭉쭉 틔우며 기둥을 타고 오르던 큰 키의 아즈리아가 누렇게 말라죽어 있었다. 날씨가 몹시 추워 난방을 켜 놓은 채로 집을 비워 놓았었다. 토양과 뿌리가 약해 나무 기둥을 타고 오르는 작은 잎새들에 하루에도 두 세 번 씩 부지런히 물을 뿌려 주어야 그 싱그러움을 지켜나갈 수 있는 어린 생명체임을 잊고 있었던 것이다. 온도의 조절이 어려운 화초였다. 적당히 음습한 곳으로 옮겨 놓았더라면 그렇게 처참하게 죽어가지는 않았을 것을…. 그 모습을 보고 있노라니 한동안 마음이 아팠다.

이상하게도 나는 특별한 애착을 갖고 사들인 화분을 잘 살려내지 못한다. 정성을 기울여 키워내던 분재 몇 그루도 끝내 제 명을 다하지 못했다. 아끼던 화분들이 죽어갈 때마다 많이 속이 상했다. 감성이 여린 나는 때론 그것들이 얼마나 주인을 원망하며 죽어갔을까 생각하며 눈물까지 훌쩍거린다. 이런 나를 보고 아이들은 "엄만 언제 철이 들어."하고 놀려대기도 했다.

어쩌면 오늘 무심코 사들고 온 조화 두 화분은 그런 연민의 반작용 때문이었는지도 모른다. 따뜻하고 절실한 애정을 갖고 키워낸 만큼의 낙망은 없을 테니까….

들꽃 조화는 뜻밖에도 내 집을 찾는 이들로 하여금 생화로 착각하게도 했다. 나는 한동안 마치 생화인 듯 흠뻑 물도 뿌려주고 정성껏 작은 잎줄기도 닦아주었다. 그렇게 매일 아침 다른 화분에 물을 주듯 관심을 갖던 조화는 언제부터인가 서서히 나의 관심 밖으로 밀려나고 있었다. 겨우내 실내에 있던 화분들을 봄이 되어 밖으로 내 놓기 시작하면서 부터이다.

다른 화분들에 비해 생명력을 발휘하지 못하고 변함없는 모습으로 거실 한 모퉁이를 차지하고 있는 그들에게 끈질긴 관심을 가질 수 없었던 것은 어쩌면 당연한 일이었는지도 모른다.

어느 날, 가까이 있는 벗들과 아침 산행에서 돌아와 보니 한동안 잊고 있었던 조화 두 화분이 눈에 띠었다. 여전히 답답한 거실 한 구석에서 그들은 변함없는 모습으로 자신의 존재를 지키고 있었다.

방금 싱그러운 아침 산행에서 만났던 갖가지 나무와 풀들의 향기가 아직도 내 몸에 배어 있었다. 나는 불현듯 그것들을 베란다에 즐비하게 늘어서 있는 생화들 사이로 가져갔다. 오랜만에 따뜻한 남향의 햇볕에 조화들은 겸연쩍은 듯 그 초라한 모습을 드러냈다. 작은 플라스틱 잎새에는 뽀얀 먼지가 잔뜩 얹혀 있었다. 자기만의 독특한 향기와 빛깔로 맵시를 뽐내고 있는 온갖 생화 화분들 사이에서 이방인의 모습으로 마치 구원의 손길을 바라는 듯 그들은 나를 물끄러미 바라보고 있었다.

나는 조화의 먼지를 정성껏 닦아내기 시작했다. 그리고 흠뻑 물도 뿌려 주었다. 나의 기운을 건네 받은 들꽃 조화는 봄바람에 살랑거리던 산행길의 들꽃들처럼 서서히 다시 살아나기 시작했다. 참으로 기이한 일이었다. 뽀얗게 먼지 속에 덮여

있던 꽃잎들이 온전히 제 빛깔을 드러내자 마치 생화인 듯 너울거리며 베란다 창 사이로 스며드는 미세한 봄바람에 살랑거리기 시작했다. 나의 작은 관심이 그것들에게 생명을 불어넣은 것이다.

불현듯 나는 철저한 무관심 속에 살아가는 많은 소외된 사람들의 생명력이 마치 조화와 같은 존재는 아닐까 하는 엉뚱한 망상에 빠져들었다. 스스로 뽐낼 향기는 없어도 변함없는 그 모습에서 우리 사회를 이루고 있는 대개의 침묵하는 사람들의 결고른 호흡이 느껴진다.

그것들끼리 모여 있는 상점 안에 그대로 두었더라면 이렇게 천대받지는 않았으리라는 생각에, 나는 그때 선뜻 조화 화분을 들고 나온 것을 후회했다. 그러나 변함없는 선비의 모습으로 20년 가까이 내 집에서 그 도도한 자태와 생명력을 과시하고 있는 소철과 군자란 사이에, 나지막이 주저 앉아 부끄러운 듯 그들의 존재를 조심스럽게 드러내고 있는 들꽃 조화 두 화분은 서서히 주변의 기운을 얻어 침묵 속의 주체성을 새롭게 잉태시키고 있는 듯 보인다.

시인

동회 가는 길에 파리공원이 있습니다
그래서 동회 가는 길이 그리 싫치만 않습니다
조임없는 공간에서 쉬어 갈 수 있음이
사계(四季)에 관계없이 행운입니다

한가로이 쉬어있는 노인들의 벤치에
고독의 긴 그림자 그늘로 드리우고
부지런히 돌고 있는 아이들의 자전거 위엔
힘차게 뻗어나는 6월의 신록이 짙푸릅니다

물 빠진 빈 연못 바라보며 동해의 푸른 바다 그려내는
낯익은 詩人 한 사람
비어있는 긴 벤치에 혼자 앉아 있습니다

핏기없는 얼굴, 남루한 옷차림
턱을 괴어 로댕의 남자처럼
想念에 젖은 그는, 빈 하늘에 연신
담배 연기를 올려 보냅니다

아마도 그는 방황하는가 봅니다
고단한 삶의 허상을 떨구어 내고 있나봅니다
아- 詩人이여
아무도 유명한 그의 모습을 알아보지 못합니다
노인과 아이들은 그의 詩를 알지 못하므로

나는 그의 곁을 조심 조심 스쳐갑니다
그의 詩想을 방해하지 않기 위해
돌아와 생각하니 후회가 큽니다
시인의 마음 한 조각 얻어올 것을

- 1999. 6
목동 파리공원에서
김지하 詩人을 만나다

스트레스 풀기 - 욕辱에 대하여

이 시대를 살아가는 사람 누구나가 얼마간의 스트레스에 시달리며 살아간다. 심지어는 의사소통이나 언어 전달이 제대로 안되는 갓난 아기나 어린 아이들 조차도 나름대로의 스트레스에 시달린다고 하니 어쩌면 이것은 인간이 태초부터 본질적으로 소유할 수밖에 없는 우리 신체나 정신 기능의 일부분인 것 같다.

스트레스가 쌓여 일을 저지르고, 스트레스가 쌓여 병에 걸리고, 스트레스가 쌓여 극단적인 상황에 이르는 인간 본연의 본질적인 문제는 영영 해결되지 않는 것일까? 오래된 찻집에 조금 나이든 여자들 여럿이 모였다. 해(年)를 갈무리하는 연말 모임이다.

그 중 한사람이 말한다.

"우리 지난해 있었던 스트레스 오늘 다 날려 버리자."

그 중 또 한사람이 말한다.
"어떻게? 좋은 방법이 있어?"

그 중 또 한사람이 말한다,
"우리 노래방에 가서 노래나 실컷 부를까?"

그 중 또 한사람이 말한다.
"미운 사람 욕이나 실컷 해 주자구…"

웬만큼 나이든 여자들의 얼굴 표정엔 나이만큼이나 묵은 스트레스가 겹겹이 쌓여 있는 듯 하다. 정말 어떻게 해야 그 많은 스트레스를 해소할 수 있는지 도무지 알 수 없으니 명쾌하게 정의 내리기가 어려워진다. 모두들 한마디씩 하는 틈에 잠시 내게로도 머문 시선이 부담스러워 나는 얼버무린다.

"털어버린들 또 쌓일걸 그냥 안고 살지 뭘~"

욕이나 실컷해주자는 친구가 먼저 열을 올린다. 평상시보다 한 옥타브 올라간 그녀의 이야기를 듣고 있노라니 정말 그녀의 얼굴에 점점 화색이 도는 듯 하다.

노래나 실컷 부르자던 친구도 자신의 건의를 잊은 채 덩달아 신이 난다.

그들이 토해내는 욕(辱)의 대상도 다양하다. 괜한 트집잡기로 만만했던 젊은 날의 시댁 식구들로부터 자주 만나는 친구들, 이웃이나 부모 자식에 이르기까지, 그 범위가 놀랍게도 예전엔 아군이었던 친가의 가족들에게까지 발전해간다.

며느리를 본 시어머니, 사위를 본 장모의 입장에서 성토하는 바도 위험수위에 이른다. 제각기 분가해 사는 아들 며느리, 딸 사위가 졸지에 모두 불효자가 되고 나쁜 놈이 된다. 어른이 전화하지 않으면 먼저 전화할 줄도 모른다느니, 바쁘다는 핑계로 얼굴조차 보기 힘들다느니, 부모 대접은 커녕 뜯어갈 궁리들만 한다느니 그 궁상맞은 푸념들의 결론은 "죽을 때까지 돈을 쥐고 있어야 해!"의 결정체 로 마무리 된다. 결국 믿을 것은 돈이지 사람이 아니라는 것이다.

그녀들의 식어버린 빈 커피 잔 속엔 쓸쓸함이 먼지처럼 떠돈다. 어쩌다가 가장 사랑해야 될 소중한 가족이나 이웃들이 이렇게 온통 미움의 대상이 되어 버린 것일까?

세상을 살다 보면 본의 아니게 욕도 먹고 욕도 하게 된다. 그러나 욕을 할 때에도 지혜로운 처신과 품격이 필요한 것이 아닌가. 욕을 하더라도 심한 욕보다는 틈틈이 칭찬을 섞어가는 욕은 어떨까?

그녀들과 별로 다를 게 없는 나의 생각은 이렇다. 나의 욕심을 채우는 일에 누군가를 포함시키지 않는다면 이 세상에 욕할 대상도 욕먹을 일도 없지 않겠는가.

소설 '어머니'로 유명한 막심 고리키는 "욕으로 가장 큰 피해를 보는 자는 욕을 한 당사자"라고 했다. 스트레스는 결국 남을 한껏 비난하고 난 후에 더 쌓이는 것이다.

그녀들과 헤어져 눈발이 흩날리는 거리로 나서니 마치 흉건한 범죄 집단에서 빠져 나온 듯 하다. 미움과 사랑은 종이 한 장 차이라고 했던가. 내가 미워하는 사람이 나를 좋아할 리가 없을 것이며, 내가 사랑하는 사람이 나를 미워할 리 없을 것이다. 혹여 누군가 나를 미워하고 있다고 한들 나는 애써 그를 사랑하면 되지 않을까. 누군가를 미워하기가 누군가를 사랑하기보다 훨씬 힘들다고도 하지 않는가….

우리 마음속에 겹겹이 쌓인 스트레스는 결코 타인에 의한 것이 아니라 우리 모두의 부질없는 욕심과 잘못된 인성으로 인해 빚어진 것이리라. 겨울이 깊어 가는 춥고 어두운 잿빛 하늘이 저마다의 부족함으로 채워진 외로운 마음들을 내려다보며 함께 우울해하는 것 같다.

이제 우리 모두 욕(辱)대신 칭찬으로 스트레스를 풀고 살면 어떨까?

노인
-공원에서

굶주린 비둘기 떼
잿빛 깃털 휘저으며
우르르 몰려드는 하강(下降)

다이어트 하는 손주가
먹다남긴 팝콘
한참동안 노인의 손 위에서
인색하게 꼼지락 거린다

미끄럼틀 아이들 그네 위 아이들
"얘들아, 밥 먹자"
끈적한 엄마의 부름에
쪼르르 사라져간 자리

동틀 무렵부터
해질녘까지
오래도록 그렇게 앉아있는 노인

한 떼의 새들이
비상(飛上)한 후에도
팝콘 냄새가 떠 다니는 공원

재잘거리다 흘린
아이들의 이야기들이
빈 그네에 얹혀
혼자 놀고 있다

일 디보 Il divo 콘서트

일 디보 공연에 갔다. 벼르고 벼른 콘서트다.

큰아이가 어렵게 휴가를 얻어내 동행했다. 아직 삼월 초순의 날씨는 쌀쌀했고 바람까지 사나웠지만 잠실실내체육관까지 가는 동안 나는 내내 사춘기 소녀처럼 들떠 있었다. 모처럼의 호강이다. 단 하루 단 한 번뿐인 공연이어서 놓칠까 조바심치던 몇 날 며칠이었다.

클래식 공연이나 대중음악 가수들의 콘서트와 달리 나름 특별히 오래전부터 보고 싶었던 공연이어서 나는 공연장으로 가는 내내 들뜬 마음을 딸 아이에게 들킬세라 표정 관리를 하느라 애썼다.

콘서트장은 굿은 날씨 어두운 저녁임에도 그들을 보러온 젊은이들로 대성황을 이루고 있었다. 로얄석이 아니면 어떠랴, 나이답지 않게 나는 그들 네 사람의 멋진 출연에 딸 또래 아이들과 함께 들 떠 있었다. 마치 타임머신을 타고 2-30대의 젊은 시절로 돌아간 기분이었다.

스위스, 스페인, 프랑스, 미국. 각기 다른 나라의 네 사람의 남자로 구성된 팝페라 그룹이다. 정규 성악 코스를 밟은 이들은 '브리튼스 갓 탤런트'로 너무나 유명한 프로듀서 사이먼 코웰의 주도 아래 전 세계적으로 개최된 오디션에 합격하여 구성된 신이 내린 목소리의 주인공들이다.

2003년에 탄생하여 세계를 누비고 다닌단다. 남성적인 매력이 물씬 풍기는 그들의 출중한 외모와 재치있고 유머러스한 언어 구사는 관객을 사로잡는데 큰 몫을 한다.

미국 출신 테너 데이비드 밀러는 무려 45개 작품의 오페라 주인공으로 탄탄한 노래 실력을 이미 과시하고 있었으며 '웨스트 사이드 스토리'의 토니 역을 열연하고 브로드웨이에서 바즈 루어만이 감독하여 호평을 받은 오페라 '라 보엠'의 주인공 로돌포 역으로도 출연했다.

스위스 출신 테너 우르스 뷜러는 고향 루체른에서 하드록 그룹 리드 보컬로 활동하고 암스테르담에서 성악을 전공한 담백하고도 매끄러운 매력적인 목소리의 주인공이다.

스페인 출신 바리톤 카를로스 마란도는 네 사람 중 내가 가장 좋아하는 목소리의 주인공이다. 그를 가리켜 '폭풍 테너' 라고도 한다. 마드리드에서 '라 트라비아타' '세빌리아의 이발사' 등에서 주역으로 출연한 직업 성악가였다. 관객들도 카를로스 마란도의 등장에 특별한 환호를 보내기도 한다. 그의 특별한 매력은 어쩌면 나머지 세 사람의 아름다운 화음에 한 울타리를 중후하게 감싸는 중저음의 막힘없이 흐르는 강물같은 무한한 성량의 위대함 때문일 것이다.

프랑스 출신 세바스티앙 이장바르는 유일하게 성악을 전공하지 않았으나 한결 부드럽고 유연한 대중적 창법으로 '일 디보' 콘서트에 균형을 이루어낸다는 평을 듣는다고 한다.

장난기 서린 몸짓으로 옆의 멤버를 툭툭 치기도 하고 감각적인 노랫말이 흐를 땐 서로 포옹도 하며 자리 배치조차 놀이터의 개구쟁이 아이들처럼 자연스럽게 무대 위 아래를 오르내리면서 상황을 연출하고 구성해내는 네 사람의 무대 매너는 마치 패션모델들 같은 멋진 외모로 깍듯한 정장 차림의 지성적인 매력과 더불어 그들의 감미로운 목소리나 감동적인 노랫말만큼이나 관객의 갈채를 얻어 낸다.

'Wicked Game'은 그들이 선택한 파격적인 선곡으로 1989년 발표된 미국의 가수 겸 배우 아이작의 노래였으나 당시에는 별 호응을 얻지 못하다가 일 디보가 선곡하여 발표한 후 히트를 기록했다고 하니 이들의 화음을 가히 짐작 해 볼 일이다.

'Crying(Liorando)', 'Don't Cry For Me Argentina', 'Dov'è l'amore' 등 관객을 지고지순하고 아름다운 사랑과 눈물의 골짜기로 이끌어 가는 그들의 멋진 하모니는 건조하게 마모되어 가는 사람들의 텅 빈 감성을 충만한 감동으로 채워 넣기에 충분하다. 어느 누구도 모방할 수 없는 그들의 감미로운 화음은 'Time To Say Goodbye'를 앵콜곡으로 끝이 났다.

언제 다시 만날지 알 수 없는 네 남자와 헤어져 돌아오는 늦은 밤. 차가운 바람마저도 포근하고 감미롭게 와 닿는다. 사람들은 누구나 외로움 속에서 누군가의 위로를 받고 싶어 한다. 신의 목소리를 가진 네 남자의 화음에서 나는 신이 아닌 사람의 목소리를 들었고 그들이 수채화처럼 그려낸 노랫말들 속으로 잠시 동안이었지만 흠뻑 빠져 들어갔다.

"떠나야 할 시간이에요.
그대와 함께, 바라본 적도
살아본 적도 없는 곳들.
그래요. 이제 거기서 살겠어요.
그대와 함께 떠나겠어요.
바다를 향해 배를 타고.

난 알고 있어요. 아니 아니
더 이상 그런 곳은 없을지 몰라도
그대와 함께 그곳에서 난 다시 살겠어요.

그대와 함께 떠나겠어요.

나 그대와 함께."

'Time To Say Goodbye'의 노랫말이다. 우리가 꿈꾸는 더 이상적이고 아름다운 세상으로 향해 떠나는 애절함이 간절하게 묻어난다. 쳇바퀴 돌 듯 집안 살림과 아이들 키우기에만 몰두해 온 조금은 삭막했던 나날의 일상을 벗어나 일 디보를 만나 오랜만에 오래도록 잊고 지냈던 낭만에 젖어 본 행복한 저녁이다.

- 2014년 2월에

아버지의 구두

아버지의 낡은 구두 뒤축이 그립다.

아버지의 까만 구두엔 언제나 굽이 없었다. 이따금 굽을 새로 갈아 끼웠어도 아버지의 구두창엔 언제나 뽀얀 흙먼지가 가득 고여 있었다.

그 해 여름엔 웬 장마가 그리도 길었는지 하나뿐인 아버지의 구두는 늘 젖어 있었다. 비에 젖어 퉁퉁 불은 구두는 그늘에 말리는 데에도 꽤 오랜 시간이 걸렸다. 밤새도록 불기 있는 부뚜막에 얹어 놓아도 좀체로 마르질 않았다.

가족이나 다른 이들에게 지나치리 만큼 관대하면서 자신의 관리엔 또한 지나치리 만큼 엄격했던 아버지의 인간적 완벽주의는 그를 바라보는 가족들의 마음을 안타깝게 하기에 충분했다.

새마을 운동이 한참이던 그 때, 재무공무원이셨던 아버지는 감색 국민복을 즐겨 입고 출퇴근하셨다. 계절이 바뀌고 해가 바뀌어도 마치 그 시절 대학생들의 교복 같던 그 국민복을 다른 것으로 바꾸어 입지 않으시려는 아버지의 고집 때문에 어머니는 꽤나 애를 태우셨다.

낡은 구두를 신고 해를 넘긴 빛 바랜 국민복을 입고 앞 뒤 채양이 넓은 중절모를 즐겨 쓰고 다니시던 그 때 아버지의 모습이 다른 사람들에겐 조금은 별나 보이기도 했겠으나, 나에겐 그런 아버지의 모습은 그 당대 최고의 인기 배우였던 김진규, 최무룡보다도 훨씬 멋져 보였다.

아직도 간간이 스크린에 건재함을 과시하는 흘러가는 역사 속의 모택동 주석의 변함없는 모습을 보고 있노라면 60년대 중반 아버지의 국민복 차림이 불현듯 떠올라 나는 혼자 피식 웃곤 한다. 바라만 보고 있어도 불안하던 마음조차도 금세 편안해지는 나의 아버지. 나는 아버지 같은 애인을 갖고 싶었다.

주변사람들은 그를 성인군자라 했다. 그 시절, 미션스쿨(Mission School)에 다니고 있던 나는 그가 성인(聖人)은 아닐지라도 군자(君子)로서의 자격은 충분하다고 생각했다. 아버지의 이야기 속엔 재치와 유머가 넘쳐흐르고 이 세상의 어떤 분노의 마음 조차도 모두 삭힐 수 있는 해학(諧謔)의 신비한 능력이 있는 듯 보였다.

오랜 공무원 생활에 회의를 느끼시고 가족들의 의사와 상관없이 직장을 그만 두신 아버지는 음악에도, 그림에도 그리고 문학에도 남다른 재능이 있는 분이었다. KBS 노래자랑에 슬그머니 나가 그 시절에 귀했던 세숫비누와 타올을 상품으로 타 오시곤 어린 아이처럼 즐거워하시던 모습은 아직도 내 추억의 영상 한 모퉁이를 차지하고 앉아 좀처럼 떠나지를 않는다.

적당히 취해 들어오시는 날엔 으레 잠든 아이들을 깨워 한바탕 댄스파티를 여는 바람에 우리 다섯 남매는 아버지의 늦은 귀가를 은근히 두려워하기도 했다. 골목 어귀에서 "오, 쏠레미오~"가 낭랑한 청음(淸音)으로 들려오면 우리 모두는 깊은 잠에 빠진 척 위장을 했지만 그래도 아버지는 당신 능력껏 아들 딸 다섯을 모두 깨워 그다지 즐겁지만은 않은 한밤의 무도회를 주최하곤 하셨다.

오래된 한옥 뒤켠. 햇볕조차 등진 작은 방에 한동안 칩거하시며 쓰기와 그리기에 심취하셨던 나의 아버지. 누우런 세로줄 원고지에 펜촉이 갈라지도록 힘들여 써 놓으셨던 원고 뭉치들이 이 세상에 어떤 자취로도 남지 않았다 해도, 나는 그렇게 고독한 예술가였던 아버지를 많이 자랑스러워 했다.

후일 나는 성인이 되어 직장을 갖고 첫 월급을 타자 아버지께 자줏빛이 약간 섞인 통가죽 구두 한 켤레를 선물해 드렸다. 그러나 아버지는 여전히 뒤축이 낡아 너덜거리는 헌 구두를 즐겨 신고 다니셨다.

우리 식구 모두는 한동안 아버지의 새 구두를 잊고 지냈다. 값진 보석이라도 되는 듯 아껴 두었던 큰딸의 선물을 아버지는 오랜 시간이 흐른 뒤 나의 결혼식

전날에야 꺼내 신으셨다. 새 양복에 넥타이까지 참으로 오랜만에 온통 새 것으로 정장을 하신 아버지는 친구 같던 큰딸에게 데이트를 청했다.

금요일의 텅 빈 종로의 예식홀에서 우리는 마치 연인처럼 반주없는 웨딩 연습을 했다. 이 날 따라 아버지의 새 구두는 유난히 반짝거렸다. 한나절이나 신부입장 연습을 하고 있던 우리들에게 예식장 청소부 아저씨는 즐거운 하객이 되어 갈채를 보냈다. 그것은 아버지와 나의 동화 같은, 마지막 화려한 데이트였다.

무능한 가장이어서 늘 아내와 자식들에게 미안해하시던 아버지. 사랑하는 당신의 큰 딸 만큼이나 맘에 들어 하시던 사위의 초대에도 수줍어하시며 떳떳한 장인이 되어 사위 대접을 크게 할 수 있을 때 사위의 술잔을 받겠노라고 극구 사양하셨던 나의 아버지.

나는 오늘 내 집 신발장을 정리했다. 현관 옆 붙박이 신발장 하나로도 부족해 또 하나의 신발장을 그 옆에 짜붙였다. 남편의 구두만도 다섯 켤레나 된다. 아이들의 구두도 모두 대여섯 켤레 이상이다. 혹여 낡아 신을 수 없게 된 것이 있으면 버릴까 살펴보았으나 모두 새 것들뿐이다.

이미 성인이 된 아이들은 계절 따라 유행 따라 자꾸만 사들인다. 낡은 구두 굽을 새로 갈아 끼우지도 않는다. 문득 신장 한켠에 외톨이인 것 같은 갈색 구두 한 켤레에 시선이 멎는다. 아이들의 성화에도 좀처럼 바뀌지 않는, 어쩔 수 없이 아버지를 닮아버린 나의 모습이다.

이제 나의 딸이 어느덧 자라 제 아버지의 손을 잡고 신부입장을 하게 되었다. 내 딸은 과연 제 아버지에 대해 어떤 그리움을 안고 지금의 내 나이만큼 살아 가게 될 것인지….

추적추적 쏟아지기 시작하는 겨울비 소리에 섞여 언제나 당신만의 긴 고독의 그림자를 거두어들이며 살아가시던 아버지의 흥겨운 노랫소리가 들린다. 빗물이 사정없이 스며드는 낡은 구두를 신고도 가슴 가득 따사로움으로 자식들의 빈 둥지를 채워 주시던 아버지의 힘겨운 발자국 소리도 들린다.

작은 구두가게를 차릴 만큼이나 많은 갖가지 모양의 식구들의 구두를 정리하면서 불현듯 아버지의 낡은 구두 뒤축이 몹시도 그리워지는 저녁이다. 지금 아버지가 내 곁에 계신다 한들 결코 두 켤레의 구두를 탐내지 않으실 것이다.

아버지의 일기

'천황주의, 민주주의, 공산주의, 무정부주의, 별의별 해괴망측한 주의가 다 있으나 나는 무엇보다도 개인의 허무주의야말로 가장 진리에 속한다고 생각한다. 한 나라의 군왕은 백성의 생각에 일일이 손이 닿을 수 없다. 그러므로 지혜로운 신하를 잘 선택함으로써 백성들에겐 억울함이 없는 것이 아니겠는가.'

'좋은 친구란 옛 일을 잊지 않고 거짓 없으며 언제나 눈동자가 단정한 사람이어야 한다. 큰 일을 처리함에 있어 사사로운 정에 끌리면 대의를 망친다. 그러므로 반드시 대의에 속함을 냉정히 선택해야 한다.'

'사람은 누구나 금전 앞에 머리를 숙인다. 비록 왕자라 할지라도. 그러므로 금전은 권력이다. 그러나 금전 앞에 망설임이 없는 사람은 인간을 초월한 절대권력을

갖고 있다.'

'일급 공무원은 그 인물이 출중해야 한다. 국가 시책과 국가의 중앙 행정 기관이 아무리 현명하여도 그의 잘못된 판단 하나로 모든 것을 그르친다. 내 아내는 나의 말을 잘 듣지 않으나 나는 평생 아내 하나만을 믿고 사랑할 것이다.'

아버지의 오래된 일기 한 권을 나는 어머니의 빈방에서 훔치듯 들고 나왔다. 귀퉁이가 찢어지고 누런 한지에서 물 얼룩 자국이 아직도 곰팡이 냄새를 내뿜고 있는, 한 장도 성한 것 없이 너덜거리는 그 놀라운 물건을 나는 어머니의 유품 정리를 하다가 발견한 것이다.

단기 4282년, 아버지 나이 스물 셋에 쓰여진 언문 하나 없이 모두 달필(達筆)과 약필(略筆) 한문으로 기록된 일기장이다. 한학에 능통하셨던 만큼 모두가 한문 투성이어서 제대로 번역하는 데 꽤 많은 시간이 걸렸으나 오랫동안 아버지에 대한 그리움과 추억으로만 살아온 나의 쓸쓸한 일상에 이 물건은 분명하고도 확실한 아버지와의 떨리는 만남이었다.

을지로 입구 내무부 맞은편에 명동 빵집이 있었다. 이따금 나는 아버지와 그곳에서 만나 곰보빵과 사이다를 시켜놓고 데이트를 즐겼다. 내무 공무원 이셨던 아버지는 월급날이 아니더라도 곧잘 하굣길의 나를 그곳으로 불러냈다. 때론 이런 일들이 어머니와 동생들에겐 비밀 아닌 비밀이 되기도 했다.

4·19 혁명이 나던 해, 나는 서울 도심의 군경과 학생들의 충돌로 인한 극단의

공포와 혼란의 틈바구니에서 하굣길에 집에 들어가지 못했다. 경찰과 헌병들의 긴 총대에 밀려 종로에서 남대문까지 뒷걸음을 쳐야 했으며, 겁에 질린 많은 행인들 틈에 끼어 남대문 시장 안까지 쫓겨 들어갔다. 경무대 옆 효자동이 집이었던 관계로 귀가길이 원천 봉쇄되었던 것이다. 남대문 시장 닭 집에서 많은 행인들과 함께 뜬눈으로 밤을 새우고, 다음날 아침 비상 계엄령으로 텅 빈 서울 거리를 두려움 속에 헤치고 집으로 찾아들었을 때 나는 이미 생존해 있는 인물이 아니었다. 유난히 나에 대한 사랑이 끔찍하셨던 할머니의 통곡소리에 온 동네 사람들이 내 집 대문 앞에 하얗게 모여들어 있고 아버지는 이미 나의 시신이라도 찾겠다고 어디론가 집을 나가신 후였다.

아버지는 그날 해가 다 저물어서야 초췌한 모습으로 돌아오셨다. 서울 안의 경찰서와 파출소를 다 뒤지시며 나의 실종을 이미 죽음으로 확인하고 다니셨던 것이다. 나의 생환은 아버지의 생환이었다. 아버지의 서울 진출로 어머니와 어린 동생들과 떨어져 나는 중학생이 될 때까지 할머니와 둘이 충청도의 고향집을 지키고 있었던 탓에 유년기의 오래 헤어져 있던 맏딸에게로 향한 아버지의 죄책감이 아마도 유별난 사랑으로 바뀌셨으리라.

어린아이 같은 동심을 가지셨던 나의 아버지. 오히려 과묵하고 강인한 어머니의 성품 때문에 오래 떨어져 있던 모녀간의 사이가 좀처럼 친근해지기 어려운 틈에 여러 가지 닮은 점이 많았던 아버지와 나는 쉽게 친밀해졌다. 어머니는 때론 이런 저런 아버지와 나의 모습을 보고 아버지와 딸이 아닌 친구사이 같다고 놀리기도 했다.

이따금 출근길의 아버지의 관용 짚차를 얻어 타고 학교에 가기도 했다. 한학과

서예에 능통하시고 그림과 음악에도 대단한 재능을 지니셨던 아버지의 조금은 느리고 자유분방한 성품이 그를 공무원으로 오래 머물지 못하게 했고, 산업발달의 미비로 공무원의 전성기였던 그 시절에 아버지의 자유선언은 대가족의 생계를 책임지고 있었던 어머니에겐 커다란 충격이었다. 그러나 나는 아버지의 그림과 아버지의 노래를 사랑했다.

자유선언의 여유로움도 잠깐, 아버지는 대가족의 생계를 위해 사업가로 변신하셨으나 전혀 적성과 거리가 멀었던 그 길은 끝내 아버지와의 영원한 이별을 가족들에게 안겨 주었다.

아름다운 나의 아버지. 다분히 현실적이지 못했던 아버지를 내가 아름다움으로 포장하는 것은 그의 넘치는 해학과 낭만과 지식 때문이다. 그는 어떤 상황에도 가족과 주변 사람들에게 웃음과 평화를 주려 애썼다. 누구도 아버지와 함께 있으면 편안해졌다. 그의 인품과 그의 모습은 내 삶의 수호천사와도 같다. 아버지와의 추억을 나와 함께 오랫동안 공유하던 어머니 마저 그의 곁으로 떠나신 날 나는 오래 전 나의 죽음을 모두 새벽잠에서 깨도록 통곡하시던 나의 할머니처럼 통곡했다. 지천명의 나이에 비로소 나를 끔찍이도 사랑하던 세 사람을 모두 떠나보내고 절대적 상실감에 당혹스러운 내게 아버지의 일기는 하룻밤 사이 죽음에서 삶으로 바뀌었던 어떤 날의 나의 일기처럼 소중하고 구체적인 현실 속의 재회다. 미처 산업이 발달하지 못해 가난을 면치 못하고 육이오 이전 사십 년대의 가난한 나라 걱정과 대가족을 짊어진 집안의 장남으로서의 책임감, 국가관과 도덕관과 심오하고 지혜로운 삶의 철학들이 고뇌하는 젊은 청년의 출중한 모습으로 드러나 있다.

위에 인용한 짧은 글들은 고뇌가 많던 젊은 날의 그 나름대로의 수상록일 것이다. 나는 아마도 한동안 아버지의 오래된 낡은 일기장 하나로 스스로의 지친 생명력을 일으켜 존속시키느라 애쓸 것이다.

모처럼 전철을 타고 을지로에 갔다. 아버지와 나의 오래 전 추억을 더듬어….

무서운 아내

내 아내는 무섭다 언제나 나를 이기려 하고
목소리도 나보다 훨씬 크다
그러나 그렇게 무서운 내 아내에게도 더 무서운 한 사람이 있다
그는 나의 어머니요 그녀의 시어머니이다
무서운 두 여인과 함께 살고 있는 나는 그러나 잘 견뎌내고 있다
무섭다고 해서 아내를 바꿀 수도 어머니를 바꿀 수도 없기 때문이다
이렇게 무서운 두 여인에게도 한없이 부드러울 때가 있다
정성껏 음식을 만들어 다섯이나 되는 자식들을 챙기고 보살필때,
아내는 순한 양이 되고 천사 같은 모습이 된다
며느리에게만 무서운 내 어머니도 내 앞에선 순한 양이 된다.
그러나 자식들 앞에서만 순한 양이 되는 아내
다음생에 나는 그녀의 자식으로 태어나야겠다

- 1959년 아버지의 일기중에서 -

어버이날 단상

　어버이날 이라고 아이들이 저녁 초대를 한다. 아직도 어미가 지어주는 밥만 먹고 사는 다 큰 아이들이 내게 한끼 밥하는 수고를 덜어주려 집 밖의 밥을 먹으라 불러낸 것이다. 흰 봉투 하나씩도 건네주고 카네이션도 달아준다. 내 편에선 여전히 어색하고 낯설고 부자연스럽기 짝이 없는 어버이 날의 의례적인 행사다.

　아마도 아이들은 직장 생활하기 바쁜 틈에도 국가적인 행사로 자리잡은 어버이날의 압박감에서 벗어나기 위해 어쩔 수 없이 치루어 낼 수 밖에 없는 일일 것이다. 그런데 난 아무래도 어딘가 한참 모자라는 엄마인것 같다. 녀석들의 효심담긴 저녁 한 그릇 못내 제대로 소화시키지 못하고, 또 받아든 체신봉투들은 강제로 징수해 온 세금같아 마음이 영 좌불안석이다.

낮의 일이다. 텅 빈 집에 홀로 앉아 한가로이 텔레비젼을 보다가 괜스레 눈물을 펑펑 쏟았다. 이제는 세상에 없는 부모를 기리며 눈물짓는 어떤 이들의 다큐멘터리를 보다가 그만 소리내어 펑펑 울어버린 것이다. 벌써 몇년째 보이지 않는 병마와 싸우고 있으니 아마도 몸과 마음이 많이 약해진 탓이리라. 한참을 한 맺힌듯 그렇게 울고나니 머리도 맑아지고 가슴도 조금 후련해 졌지만 그것이 낮 동안의 한토막 신파극이 아니었던 모양이다. 아이들과 행사를 치르고 들어온 늦은 저녁 또다시 발작하기 시작한 것이다.

"얘, 내가 지금 너희 집에 가려고하는데.."

십여년전 어느 일요일 아침, 어머니의 전화에 난 이렇게 대꾸했다.

"엄만 참 이상해, 일요일인거 몰라요? 안그래도 김서방이랑 애들이랑 정신없는데 왜 하필 일요일에 오시려고 그래요?"

평상시에도 사위 어려워 일요일에 내 집 출입을 안하셨기에 대수롭지 않게 드린 말씀이었다.

그해 겨울, 항상 건강하시다고만 믿었던 어머니는 내 곁을 영영 떠나셨다. 칠순의 나이에도 항상 젊고 고우셨던, 쌍꺼풀진 큰 두눈, 아이처럼 맑고 소녀같은 청순함, 때론 지혜롭게 인자한 모습 얼굴 가득 넘쳐 흐르던 고귀하신 내 어머니는 주사 한대 맞으러 잠시 들른 병원에서 끝내 집으로 돌아오지 못하셨다. 상상조차 못했던 어머니와의 갑작스런 이별은 앙숙처럼 다투기만 했던 맏이인 내게 천추의 한으로 남게 되었다.

어머니가 돌아가신 후 나는 절친으로 지내시던 몇몇 어머니 친구분들을 집으로 초대해 어머니가 안계신 어머니 생신상을 차려드렸다. 당신이 아끼고 사랑했던 오랜 친구들에게 밥 한끼 꼭 대접하라시던 유언 때문이었다. 호탕하고 재주 많으시던 어머니의 갑작스러운 빈자리는 당신을 좋아하던 친구분들께도 커다란 상실이며 슬픔이었다. 유난히 손재주가 뛰어나셨던 어머니는 친지들의 대소사에 많은 도움을 주셨다. 궁중요리 같은 어려운 잔칫상도 한폭의 그림처럼 차려 내시고 새신랑 신부들의 한복이며 양장옷들도 척척 만들어 내시곤하여 지인들 사이 어머니는 곧잘 인간 문화재로 불리우기도 하셨다.

그날 어머니와 절친이셨던 친구분께서 들려주셨던 비화가 십년이 훌쩍 넘은 지금도 내 가슴에 못이 박혀 좀처럼 빠지지 않는다.

"어느 일요일 아침, 아들 며느리가 한가로이 거실에서 텔레비젼을 보고 있는데 모처럼 애들 휴식에 방해될까 화장실도 못가겠지, 그래서 너한테 전화했더니 오지 말래지, 우리집에 왔는데 많이 힘들고 외로워 보였어. 아마 그때도 많이 아파 보였는데 꾹꾹 참았던 것 같애. 너희 엄마 참는데 도가 트신 분이잖아."

내 어머니는 다른 모든 어머니들처럼 그렇게 특별한 분이시다. 나의 헤아릴 수 없는 불효 가운데 어느 일요일 아침의 실수는 아마도 내가 세상을 떠나는 날까지 두고두고 반성문을 쓰게 할 것이다.

어떤 고약한 형태의 삶이 나를 희롱하고 괴롭혀도 나는 언제나 씩씩한 여장부 같던 어머니의 그늘 아래 힘이 솟았다. 나의 하찮은 반항과 말대꾸에도 아랑곳하지 않으시던 어머니는 마치 성자의 모습으로 지금도 나약한 내 일상을 보살피고 일으켜 세운다.

아! 어머니

당신의 가슴은 너무나 따뜻하여 북풍한설 모진 한겨울에도 추위를 잊게 만드시고 당신의 그늘은 너무나 울창하고 드넓어서 한여름 삼복더위 또한 잊게 만드신다. 나의 슬픔, 나의 고독, 그리고 남은 생을 위해 나는 한사코 어머니를 붙들고 매달려야 했다. 어버이 날 늦은 저녁, 아이들 앞에서 새삼 마음을 가다 듬으며 지난날 어머니께 저지른 온갖 무례함들에 대해 삼가 엎드려 용서를 구한다.

귀순 (이방인)

두 사람이 앉아 있습니다
폭 좁은 긴 나무 의자
표정없이 안주를 담아내는
중년의 여주인

그에게 들킬세라
소리내어 한숨도
내어쉬지 못하고
두 사람은 서로
눈빛만 바라봅니다

풍요로 넘실대던
도시의 바다 한 가운데
왼종일 출렁대던
난파선의 닻을 내리고
어둠이 자리를 편 모퉁이

취한 어깨 다독이며
주저앉는 이방인
빈 술잔에 떨어진
눈물 한 방울

미처 챙기지 못한
고무줄 같은 부모 형제
밤마다 찾아가는
고향진 부뚜막엔
어머니의 빈 가마솥이
걸려 있습니다

귀향

한 평생을 서울에 살았어도 십 여년 살던 유년의 고향집을 평생 잊지 못하고 그리워하는 것은 아마도 나의 성품이 별나게 내성적이고 수줍음이 많아 세련된 도시 생활에 적응을 잘 못하고 있는 까닭일 것이다.

나에겐 지독한 외로움의 유년 시절이 있었다. 서울특별시 종로구 효자동에서 태어난 내가 갓 돌이 지나자 충청도 한내라는 작은 산 아래 마을에 할머니에게 맡겨졌다. 서울의 부모님과 떨어져 할머니는 그곳에서 많은 벼농사를 소작농에게 맡겨 지으시며 그 어려운 시절에도 제법 넉넉한 촌살림을 꾸려가고 있었고 다섯 남매의 맏이로 태어난 나는 단지 할머니 혼자 지내시기 외롭다는 이유 하나로 그곳에 할머니의 말동무로 맡겨졌다.

그리하며 얼떨결에 조손(祖孫)가정이 되어 버린 할머니와 나의 십 여년에 걸친 한내 마을 생활은 시작되었다.

어두워지면 반딧불이가 도깨비처럼 논둑을 쓸고 다니고 깊은 밤엔 여우 우는 소리를 자장가 삼아 잠이 들고 아침에 잠에 깨면 아래채 담장을 타고 커다란 집구렁이가 똬리를 틀며 나무 기둥위로 기어오르고, 쪽문 뒷간 옆 돼지우리엔 많은 돼지들이 꿀꿀거리며 하루를 시작하던 집.

낮이나 밤이나 빗장이 열려있던 대문 틈새로 동네 아이들 떠드는 소리와 지나가던 거지가 깨진 바가지를 들고 들어와 부엌에서 할머니가 갓 지은 구수한 보리밥 한 양푼을 인심 좋게 얻어 나가던 집.

한 겨울에도 검정색 무명 솜바지 저고리에 검정 고무신을 신은 사내 아이들은 콧물을 줄줄 흘리며 자치기, 딱지치기, 땅뺏기 같은 놀이에서 시간 가는 줄 모르고 여자 아이들은 고무줄놀이, 공기놀이 그리고 술래잡기 같은 것을 일 삼던 곳.

어린 나는 또래 아이들 보다 동네 언니 오빠들을 따라다니며 봄날이면 앞산에 만발한 진달래, 뒷산에 고개 숙인 할미꽃 사이를 종종 걸음치며 해 지는 줄 모르고 돌아다니고 또한 봄이 지나 여름이 되면 장마 끝에 물이 철철 넘치는 큰 냇가로 미역 감으러 어두운 밤에도 무서운 줄 모르고 동네 아이들을 따라 다니던 곳(장마 끝 불어난 물에 때론 아이들이 사라지기도 했다).

어머니와 떨어져 외로움에 익숙해져 가려 애쓰던 어린 마음에 그렇게 한내

마을은 나에게 많은 추억을 남기고 때론 어머니의 품인 듯 위안이 되기도 했다.

한 여름, 할머니의 텃밭에 먹음직스럽게 익어가던 참외 수박 서리하다 들킨 동네 오빠들이 할머니께 호된 벌을 받을 때면 마음 약한 나는 손에 땀을 쥐고 그 모양을 숨어 지켜보곤 했다. 그러나 할머니는 빼앗은 참외 수박들을 언제나 그 아이들 손에 다시 들려 보냈다. 어째서 한내 마을엔 우리 밭에만 수박이나 참외 같은 것들이 있었는지 지금까지도 알 수 없는 일이다.

깊어가는 가을밤에 탐스럽게 열려있는 감이나 대추 같은 것을 털어 갈 때도 마찬가지였다. 아이들을 향한 할머니의 호통 속엔 언제나 "내 손녀 먹이려고 농사지은 것들인데…"하는 의지와 사랑이 힘있게 실려 있었다. 할머니의 나에 대한 사랑은 이후로도 각별했다.

솔 솔 찬바람이 불기 시작하는 가을이 지나 길고 긴 겨울동안엔 화롯불에 언 손을 녹이며 동네 아이들과 그 시절 유일한 간식이었던 고구마를 구워 먹으며 밤이 새는 줄 몰랐지만 때때로 어머니 아버지를 그리며 지독한 외로움에 조여들던 시간들은 유년의 나를 또 다른 사색의 고아로 키워내고 있었다.

일년에 서너번 명절때나 내려오시던 아버지와 어머니를 만날때마다 그렇게 애타게 그리워하던 마음과는 달리 아버지가 낯설고 어머니가 낯설어 시큼한 구정물 냄새나던 할머니의 무명 치맛자락 뒤로 숨곤 하던 아이.

그렇게 잠깐씩 만나고 또 다시 헤어진 부모가 그리울 때면 뒷산 언덕마루에 올라

저 멀리 산모퉁이를 돌아 기적소리 요란스럽게 역사에 들어서는 마지막 완행 열차를 기다리며 어쩌다 하나 둘 기차에서 내려서는 사람들을 간절히 살피던 아이.

그 끝없는 기다림의 시간들은 늘 홀로 잠드는 꿈길에서도 끊임없이 이어졌다. 할머니의 치맛자락 뒤에 숨어서도 간절하게 어머니에게로 향해 있던 어린 계집 아이의 안타까운 바람과 시선들. 이집 저집 이웃집 마실 나들이를 좋아하시던 할머니 덕에 늘 외톨이로 집안에 혼자 남겨지곤 하던 나의 어린 시절도 드디어 서울행 장항선 완행열차에 홀로 몸을 실으며 막을 내렸다.

사학년 여름방학이 시작되고 서울에 가기 위해 기차역에 들어섰을 때 반 아이들과 애꾸눈 담임선생님이 배웅을 나와 모두 눈물이 글썽해 모여 있던 모습들은 지금도 나의 기억 속에 한 장의 기념사진처럼 투명하게 남아 좀처럼 떠나지를 않는다.

애꾸눈 선생님은 나에게 서울에 가면 택시 사진을 찍어 보내 달라 하셨다. 그때만 해도 시골사람들은 간간히 다니는 버스나 기차 외엔 별다른 교통수단을 구경하기 어려웠다. 나는 후일 아버지께 부탁하여 택시뿐 아니라 서울의 이런저런 모습들을 열심히 찍어 보냈다. 선생님은 그것들을 교재로 잘 쓰셨다고 답장도 보내주셨다.

그 시절만 해도(50년대 후반) 서울로 전학하는 지방 아이들은 거의 드물었다. 서울에 오니 나의 부재중에 태어난 셋이나 되는 사내동생들은 충청도 사투리를 쓰는 나를 '시골뜨기 촌뜨기'라고 놀려 댔고 부모님조차도 여전히 나에겐 낯선 존재였다.

많이 노력하였으나 나는 어머니와 잘 지내지 못했고 이후로도 어머니와 함께한 많은 세월들 속에서 당신에게로 향해있던 그 오래된 유년의 그리움들을, 그 애틋하던 사랑의 갈증들을 어머니가 세상을 떠나시는 마지막 그 날까지 미처 다 풀어내지도 못하고 마치 유년의 나를 방치했던 무심한 모정에 항변이라도 하듯 끝내 진실한 화해를 하지 못했다.

어머니를 잃은 슬픔과 회한을 안고 나는 불현듯 그 유년의 편린들을 찾아 그 오래전 한내마을을 다시 찾았다. 어느새 반세기의 세월이 흘렀다. 석탄가루 뽀얗게 날리던 간이역 기찻길 아래 앙증맞게 일렬을 이루며 피어 있던 여름날의 채송화는 보이지 않고 조금은 낯익은 듯한 협소한 논둑 길 따라 찾아낸 마을의 수호신 같았던 커다란 정자나무는 세월에 닳고 닳아 그 웅장한 모습 간데없고 굵은 뼈대만 남아 그래도 그 옛날 자신의 몸체 위로 곧잘 기어오르던 어린소녀를 힘겹게 맞이하고 있었다.

아련한 기억으로 더듬어 올라간 한내마을은 늘 꿈꾸던 추억 속, 그 옛날의 내가 뛰어 놀던 고향마을이 아니었다. 논과 밭 사이로 이제는 초가가 아닌 함석으로 지붕을 얹은 민가들이 여기 저기 낯설고, 오래전 모습들을 찾아내기란 좀처럼 쉽지 않았다. 마을을 한 바퀴 돌아 나의 집을 찾으려 애썼으나 상상속의 나의 옛집은 좀처럼 눈에 들어오지 않았다.

노년의 여인이 한낮에 쏟아지는 햇살이 따가운 듯 수건을 머리에 둘러쓰고 밭고랑 사이를 호미질하다 말고 낯선 방문객을 물끄러미 바라보았으나 나는 다만 가볍게 목례를 하고 지나쳤다. 내려오는 길에 그 여인에게 말이라도 걸어볼 걸 하고 후회 하였지만 다시 돌아서 올라가지는 않았다. 어쩌면 그 옛날 이웃에 살던 양희나 정님이는 아니었을까! 아마도 그 애들은 다른 지방으로 시집을 갔겠지, 논둑길을 돌아 흰 무명 바지 저고리에 삽을 들고 나타난 촌노(村老) 한사람과 맞부딪혔을 때 나는 비로소 용기를 냈다. 꽤 나이가 들어 보이는 그가 혹여 이곳 토박이 일지도 모른다는 생각에 그에게 선뜻 다가섰다.

"저, 혹시, 너무 오래돼서… 50년대 후반쯤 까지 이곳에 사시던 최 씨 할머니를 아시는지…"

두서없는 나의 물음에 그는 아래위로 나를 찬찬히 훑어보더니 "아버지 함자가 어떻게 되시나?"하고 물으셨다. 그는 뜻밖에도 할머니가 아닌 아버지에 대해 물었다. 내가 아버지의 이름 석자를 또박 또박 말하자 그는 "그럼 혹시 자네가 아무개 아닌가?"하며 놀랍게도 내 이름을 말하고 있었다. 그는 나를 자신의 집으로 기꺼이 안내했고 서울 아버지의 집에도 찾아온 일이 여러 번 있다 하였다.

"자네를 보러 그 옛날에 아버지가 이따금 내려 오셨을 때 내가 떼를 썼지. 시골에서 가난한 농사꾼으로 살기 싫으니 서울에 직장 좀 구해 달라고… 그랬더니 아버지가 흔쾌히 오라 하셔서 옛날에 아버지의 서울 집에도 여러 번 갔었고 나는 아버지의 권유대로 경찰 학교에 들어가서 경찰관이 됐지. 이 마을에선 아버지가 큰 자랑거리였어. 서울에서 가장 출세하신 분이었으니까. 아버지는 그 옛날에 한내 청년들 취직도 많이 시켜주셨어. 참 인정 많고 훌륭한 분이었는데…, 나는 오랫동안 서울에서 경찰생활 하다가 퇴직하고 고향에 내려 와 논농사 조금 짓고 있지. 그래 부친은 무고하신가?"

참으로 기적같은 만남이었다. 부모님 모두 돌아 가셨다 하니 그는 우리집이 누상동에서 이사한 후로 적어놓은 주소를 잃어버리고 또 한동안 건강이 좋지 않아 찾아볼 마음이 멀어지더라, 생각하면 너무나 아버지께 미안한 일이라 하였다. 내가 아버지를 너무 닮아 선뜻 그렇게 물었노라 했고 꿈속에서도 그리던 내 유년의 뜰로 그는 나를 안내했다.

동네 아이들이 모두 모여 뛰어놀던 그 오래전 나의 옛집 앞마당은 생각보다 그리 넓지 않았으나 대문이며 외양간, 툇마루의 뒤주까지, 늘 꿈에 그리던 내 유년의 집이 그곳에 그대로 있었다.

새록 새록 기억이 모여드는 옛집 마당가엔 여전히 함박꽃, 나팔꽃, 민들레, 봉선화까지 옹기종기 수수하게 피어있고 쪽문 옆 담장아래 감나무, 대추나무, 탱자나무 울타리도 그대로 버티고 서서 긴 세월 지나 찾아온 옛 주인을 무심히 맞이하고 있었다. 눈물이 주르르 볼을 타고 흘러 내렸다.

아랫채 기둥사이로 커다란 집 구렁이가 기어오르고 돼지우리에 구정물을 퍼 나르시던 할머니의 모습이 스쳐가고 앞 마당에 동네 아이들 떠드는 소리도 수런 수런 들려온다.

"워낙 튼튼하게 자네 할아버지가 잘 지으셔서 종씨 할머니가 이 집에 사시면서 그대로 잘 보존이 되어 있는 편이지."

마침 서울 아들집에 다니러간 집 주인 할머니는 부재중이셨고 이곳에 다시와 살고 싶다하니 어차피 종씨 할머니 돌아가시면 내려와 살 사람도 없다 하시며 아마 그리해도 가능할 것이라 귀뜸을 해 주었다.

안마당을 돌아 오랜 세월 꿈에 그리던 뒤꼍 대나무 숲으로 들어섰다. 그 어린 날에 나는 울창한 대나무 숲 울타리 속엔 마치 할머니의 신(神)이 숨어 존재하는 줄 알았다. 밤사이 제 몸 부딪기며 떨구어 낸 어린 대나무 잎들이 할머니의 정한수 위에 꽃잎처럼 우수수 떨어지곤 하던 그 뒤란의 장독대, 이른 아침 첫 두레박으로 퍼 올린 샘물 한 그릇에 당신만의 경건한 신앙인 듯 두 손 모아 기원하시던 할머니의 정한수 한 그릇이 항상 놓여있던 그 뒤란의 풍경들은 참으로 나에겐 특별하고도 신선한 일상의 경험이었다.

한줄기 대숲 바람이 세월의 무게로 휘청거리는 옛 주인을 알아본 듯 슬며시 다가와 내 눈가에 맺힌 눈물 한 방울을 훔치며 스쳐간다.

봄날은 간다

　　봄이다. 아침 저녁 여전히 물러서기 싫은 찬바람이 들락거리며 봄을 시샘 하지만 그래도 한낮의 햇살이 따뜻하여 아이들도 나도 한결 가벼워진 몸과 마음으로 모처럼 나들이에 나섰다.

하얀 목련 꽃잎 아래로 파란 잡초들이 키재기를 하고 꽃샘바람에 시달리며 밤새도록 새 옷 갈아 입느라 애쓴 나뭇가지들이 한낮의 따뜻한 햇살에 한껏 나른한 기지개를 켠다. 겨우내 추위에 갇혀있던 노인들과 아이들은 공원에 모여 햇살을 반기고 오래전부터 비상을 포기한 비둘기는 먹이를 찾느라 군것질꺼리 손에 쥔 어린 아이들 곁에서 떠날 줄 모른다.

오래전 나는 노심초사(勞心焦思) 세 아이를 키우면서 세 아이 모두를 나의 부주의로 잃을뻔했던 아픈 기억을 가지고 있다.

간신히 배밀이를 하며 기어 다니던 생후 육 개월의 큰 아이는 집안에서 내가 잠시 한눈 판 사이 놀랍게도 한 여름 열려진 창문으로 기어올라 오층아파트 아래로 추락할 뻔 했다. 아기의 작은 발바닥만 눈에 들어온 그때, 나는 혼신의 힘을 다하여 아이를 끌어 올리고 쓰러졌다. 육 개월의 아기는 창문너머 까마득한 땅 바닥을 향해 거미처럼 내려가고 있었던 것이다. 그 작은 발바닥을 움켜쥐고, 있는 힘을 다해 창밖 시멘트벽을 훑으며 끌어 올린 아기는 뱃가죽이 모두 긁혀 만신창이가 되어 있었다. 70년대 서울의 12평 아파트엔 베란다나 난간 같은 창문 보호 공간이 없어 창문 아래가 곧장 바닥이었다. 아기도 나도 한동 안 그 충격으로 많이 아팠다. 그해 여름 내내 나는 창문을 열지 못했다.

아이 셋을 도와주는 사람 없이 혼자 키우던 나는 버스로 서너 정류장 거리 정도에 있는 재래시장에 장을 보러 갈 때 마다 한 아이는 등에 업고 두 아이는 양손에 잡고 걸리면서 다녔다. 둘째는 세 아이를 모두 데리고 찬거리를 사러 시장에 갔다가 여러가지 저녁 찬거리를 구입하고 값을 치르느라 잠시 아이의 손을 놓은 사이 사라졌다. 둘째 아이의 이름을 부르며 시장 사람들과 함께 어둠이 내려앉을 때까지 하오의 반나절을 넋을 잃고 찾아 헤맸다. 심장은 이미 멎은 듯 아이를 찾지 못한 나는 그냥 시장 한 모퉁이 길바닥에 주저앉았다.

"엄마, 저기!" 놀랍게도 우리가 주저앉은 시장입구 약국 앞 사과 장수의 리어카 밑에서 잠들어 있는 네 살배기 둘째를 여섯 살짜리 큰 아이가 발견하고 소리쳤다. 그 옆을 지나며 몇번이고, "우리 아기, 뒤뚱 뒤뚱 오리걸음 걷는 우리 아이

못 봤느냐"고 물어도 고개를 흔들던 사과 장수 아저씨는 발 밑에서 아이가 자고 있는 것도 못 봤다며 집으로 돌아오는 길에 사과를 한 보따리 챙겨주었다. 엄마 찾아 헤매다가 아무데나 기어 들어가 잠들만큼 둘째는 순둥이었다.

여름 휴가철이면 남편과 나는 으레 연중행사처럼 아이들을 데리고 전국의 해수욕장을 찾아 다녔다. 자가용 자동차가 없던 시절이니 어린 아이 셋을 데리고 버스로 기차로 갈아타며 배낭과 아이스박스에 먹거리와 갈아입을 옷들을 준비하고 다니는 일이 너무나 번거로웠지만 누구도 불평없이 모두 짐을 나누어 들고 지고 힘든 고행을 하며 피서를 다녔다.

민박집에 짐을 풀고 해변가에 텐트를 쳤다. 엄마들은 민박집에서 저녁준비를 하고 아빠들은 아이들과 해변가로 나갔다. 그 시절 대부분 가족단위 피서가 그랬다. 저녁 식사 시간이 되어 아빠들과 해변에서 돌아온 여러 가족의 아이들 틈에 가장 나이가 어렸던 막내가 보이지 않았다. 남편에게 물었으나 잘 따라오고 있는 줄 알았단다. 함께 간 이웃의 몇 가족과 그 넓은 서해 바다를 다 헤매고 다녀도 아이는 보이지 않았다. 수영을 잘하는 지인 한 분은 어둠이 짙은 바다를 아이를 찾겠다고 헤집고 다녔다.

우리들의 저녁은 악몽이었다. 까만 밤바다를 향해 또 다시 심장이 멎은 내 귀에 아이의 목소리가 해수욕장 안내방송에서 들려왔다. 다행히도 아이는 아버지의 이름과 살고 있는 동네를 외우고 있어 저물도록 모래장난에 빠져 있다가 울고 돌아다니는 것을 피서객의 도움으로 안내소에서 찾을 수 있었다.

나의 부주의로 하마터면 잃을 뻔 한 유아기의 아이 셋은 다행히도 모두 위기를 넘기고 어미인 내게 다시 찾아 왔지만 이따금 심장이 멎은 듯 아득했던 그때의 순간들을 떠올리면 지금도 내 곁에 있는 아이들이 한없이 고맙고 또 고마울 뿐이다. 자식이란 부모에게 이 세상 어떤 것과도 대체할 수 없는 자신의 생명과도 같은 소중하고 또 소중한 존재다. 오래 전 그런 기억들 때문에 지금도 나는 어린 손자들이 내 곁에 있을 땐 잠시도 그 아이들에게서 눈을 떼지 못한다.

산과 들이 푸르고 온갖 색색의 꽃들이 만개한 봄날, 3박 4일 제주도로 부푼 꿈을 안고 수학여행 떠난 우리들의 아이들은 한 달이 지나도록 아직도 집에 돌아오지 않고 있다. 사랑하는 그들의 가족뿐 아니라 온 나라가 따뜻한 봄날을 잊은 채 추위에 떨고 있다. 어느 해보다 잔인한 사월이 가고 오월이 간다.

시도 때도 없이 흐르는 눈물. 사람들은 모두 자신의 잘못인 양 숨죽이고 소리 없이 울기만한다. 얼마나 무서웠을까. 가슴이 출렁거려 텔레비전을 껐다가 그래도 혹여 살아 돌아오지 않을까 또다시 켜고, 한 달이 넘도록 망망대해에서 돌아오지 않고 있는 아이들을 애타게부르며 어미들의 가슴은 피멍이 든다.

긴 겨울 추위 속에 그렇게 기다린 봄인데 사월이 지나 오월이 다 가도록 사람들은 잠시의 봄나들이조차 잊은 채 또 다시 긴 겨울 추위 끝에 찾아온 봄을 잃어 버렸다. 어린이날도 지나고, 어버이날도 지나고, 스승의 날도 지나고, 오월의 축제는 모두 싸늘한추위 속에 고통과 슬픔으로 끝났다. 그럼에도 불구하고 오월의 대지는, 오월의 하늘은, 오월의 숲길은, 어린 날의 따뜻한 어머니의 가슴 같이 포근하고 따뜻하다.

따듯한 봄날에 만개한 온갖 고운 꽃들 만큼이나 예쁘고 또 예쁜 아이들. 누군가는 노래를 잘 불러 가수가 되고 싶었고, 선생님이 되고 싶었고, 화가가 되고, 또 소설가가 되고 싶었던 저마다의 꿈을 키우며 아름다운 소년 시절을 살아가던 곱고 예쁜 우리 아이들. 품에 안고 정성과 사랑으로 곱게 키워낸 어미 들의 가슴은 미어지고 찢어진다.

늘 개구쟁이 동생을 자주 괴롭힌 형은 동생의 이름을 부르며 "미안해, 미안해" 아무리 외쳐도 "형, 괜찮아" 하고 예전처럼 용서해 주지 않는다. 아들에게 살갑지 못했던 아버지는 소리없이 울고, 사랑스러운 동생을 많이 아끼고 자랑스러워 하던 누나는, 그리고 언니를 몹시 따르던 어린 동생은, 이제 다시는 만날 수 없는 봄꽃 같은 아이들을 찾으며 울고 또 울다가 지쳐 쓰러진다. 돌아오면 해 줄 수 있는 모든 것들을 이제는 아무리 원해도 해 줄 수 없다.

우리의 삶은 무엇인가, 내 곁에 아무도 없다면 우린 한 마리 짐승으로도 살아가기 어려울것이다. 아파트 단지 울타리에 어느새 아카시아도 지고 붉은 장미 넝쿨이 흐드러지게 피었다.

무책임한 어른들을 믿고 잘 따르던 아이들의 지고지순한 복종의 두려움은 이제 그들이다 살아내지 못하고 등진 무심한 세상을 향한 채찍이 되어 아프게 도리께 질을 친다. 살아오면서 혹여 나의 잘못으로 상처받은 누군가가 있다면 크게 용서를 받고 싶은 슬픈 계절이다.

선홍빛의 붉은 장미꽃잎에도 어느 틈에 말간 이슬 방울이 맺혔다. 분노와 슬픔을 견디기 힘든 우리들 곁으로 서럽고 서러운 봄날은 간다.

- 2014년 4월 16일
세월호로 희생된
안산 단원고 학생들을
추모하며

주말 농장

김포 근교에 주말 농장 열평을 임대했다. 서울에서 태어나 지금껏 살아오고 있는 남편이나 유년기에 상경하여 농토에 대한 실전(實戰)의 경험이 전혀 없는 내가 직접 씨를 뿌리고 열매를 거두어 내야 하는 수작업(手作業)이 생각처럼 쉽지 않으리라는 판단에 나는 애써 반대를 했으나 굳이 남편은 정년 퇴직 후의 전원생활 준비를 위해 필요하다는 이유로 농장을 계약했다.

산세가 수려한 마을 끝자락에 주말 농장터는 그런대로 아늑하게 자리 잡고 있었다. 대개는 30대 중반의 유년기의 아이들을 대동하고 나온 젊은 부부들이었고 이따금 우리 또래의 부부가 서너 팀 있는 듯 보였다. 모두 일흔 네 가구에 각각 다섯 평씩 분배된 땅이었는데 남편은 욕심껏 열 평씩이나 분양해 놓고 있었다.

농협 관계자들이 참석하여 주말농장에 대한 취지와 계절별 채소 종류에 관한 자세한 설명 등이 끝나자 가족 단위 혹은 부부 단위로 온 사람들은 각자 칸막이로 배정된 자신들의 땅으로 들어가 나누어 준 삽과 호미, 갈쿠리 등을 들고 가마솥 뚜껑처럼 단단하게 굳어있는 땅을 뒤집어 엎어 곱게 흙을 고르고 고랑을 파서 씨앗을 뿌리는 일이 첫 날의 행사였다.

남편은 다른 사람들의 하는 양을 힐끔 힐끔 훔쳐보며 오래된 쇠똥처럼 단단하게 굳은 채로 가물어 있는 마른 땅에 물을 뿌리며 흙을 되새김질하기 시작한다. 온통 얼굴에 소태처럼 땀을 쏟아내고 있는 그를 도와 호미를 들고 쭈그리고 앉아 흙 고르기와 폐기 작업을 하고 있노라니 얼마나 시간이 흘렀는지 허리가 뻐근해지며 일어나기 조차 힘들어 진다. 다른 가족들도 전혀 새로운 경험인 듯 모두 열심히 단단하게 굳어 있는 땅을 뒤집어엎고 지하수를 퍼날라 물을 주느라 여념이 없다.

어떤 이는 농사를 지어 본 경험이 있는 듯 능수 능란해 보이고 또 어떤 이들은 영 어린아이소꿉 장난인 듯 시원치가 못하다. 우리도 그 부류 중 하나에 속할 뿐이었다.

한나절을 그렇게 땅을 뒤짚고 흙을 곱게 손으로 부벼대고 고랑을 파 씨뿌릴 자리를 만들어 내놓고 보니 그럴듯하게 밭 모양새가 가꾸어진 것이 대견스럽기만 하다. 그러나 이미 있는 데로 기운을 다 써 버린 남편은 기진해 있었다.

농협 측에서 견본으로 나누어 준 좁쌀만한 상추, 쑥갓, 치커리 등의 씨앗을 나는 파놓은 고랑 따라 주룩주룩 흩뿌렸다. 알고 보니 그 세 봉지의 씨앗은 다섯 평에 모두 뿌릴 만큼의 충분한 양이었는데 나는 그것을 몰라 서너 고랑만을 다닥다닥 채워 넣은 것이다.

첫 날 그와 나의 주말농장은 시행 착오로 시작되었다. 무거운 살림 도구 하나 옮겨 주는 일에도 힘들어하던 남편은 주말 농장에 다녀온 날 밤이면 신음 소리까지 내며 끙끙 앓았다. 많이 힘들면 포기하자는 나의 제안에 그러나 그는 한마디 대꾸도 없다.

공해에 찌든 도회지를 벗어나 김포가도를 향해 달리는 들녘 풍경은 더없이 평화롭기만 하다. 일요일 아침, 결코 가보고 싶어하지 않는 아이들을 독려해 나는 점심 도시락까지 싸 들고 아이들과 함께 그 곳에 갔다. 아이들 또한 오기 싫어할 때와는 달리 전원의 독특한 신선함에 매료되어 즐거워했다.

우리는 주말농장이라는 이름과 취지에 걸맞게 주말마다 씨 뿌린 밭고랑에 물을 주고 잔풀을 뽑아 냈다. 뿌린 데로 거둔다고 했던가, 참으로 신통하게도 그와 나의 정성을 비집고 상추, 쑥갓, 치커리 등이 제법 모양새를 갖춰 파아랗게 그 잎줄기를 키워 내고 있었다.

굳어 있던 그의 얼굴에도 미소가 피어오르고 우리는 쑥쑥 자라기 시작하는 그것들을 주말마다 솎아내 이웃들과 함께 나누어 먹었다. 평소 야채를 즐기지 않던 남편도 자신이 애써가꾼 땅에서 태어난 소중함에 신기해하며 아예 다른 반찬들은 거들떠 보지도 않은 채 자신이 가꾼 채소들만을 즐겨 찾는다.

"이러다가 우리 모두 염소 되는 거 아니에요?"
주말마다 식탁 위에 오르는 파란 채소들을 보며 아이들도 색다른 즐거움으로 한마디씩 거든다.

칠월이 되어 상추와 치커리 등을 다 뽑아낸 자리에 가지와 고추, 토마토 모종을 심고 가장자리 빈 땅에 옥수수 씨 알갱이도 서너 개씩 푹푹 눌러 꽂아 놓았다. 한여름 뙤약볕에 그것들이 자라나 가지며 풋고추들이 주렁주렁 탐스럽게 열린 모습이 여간 신통하지가 않다.

나는 어느새 흠뻑 전원의 낭만에 취해 들고 아예 그 옆에 통나무 집을 짓고 머물고 싶은 충동에도 사로잡혔다. 주말마다 만나게 되는 이웃의 농사꾼(?)들과 어느새 친근해지고 서로 새로운 작물에 대한 재배법도 교환하게 되었다. 빨갛게 익은 고추를 따다 베란다 남쪽에 내다 말리고 정원 대보름에 한몫할 가지도 썰어 말린다. 물론 여름내 주말마다 벌레에 물린 상처가 쓰라리고 새카맣게 탄 얼굴의 후유증도 심했다.

그러나 농촌 사람들의 일상이 피부 끝에 와 닿는 주말농장의 체험은 결국 만만하게 도전할수 없는 커다란 장벽 앞에 여름의 끝자리에서 실패의 싹이 보이기 시작했다. 토질이 안 맞는 탓인지 아니면 비료를 충분히 섞지 않은 탓인지 마지막 기대에 부풀어 일가 친척들에게까지 김장 배추는 걱정 말라고 큰 소리 쳤는데 어떤 고랑은 아예 뿌리조차 내리지도 못하고, 또 어떤 고랑엔 힘들게 싹이 돋은 가녀린 잎줄기가 그대로 벌레에 시달려 죽어갔다. 다른 텃밭들도 비슷한 상황이었다.

결코 농약을 줄 수 없다는 남편의 고집에 배추농사는 완전히 실패로 돌아가고 말았다. 농사가 얼마나 힘든 일인가를 절실하게 깨닫는 순간들이었다. 결국 가을걷이를 못한 채 주말농장은 문을 닫고 말았다.

한동안 주말농장을 잊고 지냈다. 문득, 여름내 즐겨 찾던 그 곳이 그리워 찾아갔다. 우리 가족의 기쁨과 기대로 가득했던 열 평의 텃밭엔 나의 무심함을 꾸짖는 듯 미처 잘라내지 못한 옥수수대만큼이나 커다랗게 자란 억새풀들이 기세 좋게 출렁거리고 있었다.

눈사람 (동화)

　　밤새 하얗게 눈이 내렸습니다. 아버지는 어린 아이들을 위해 눈사람을 만들었습니다. 시린 손으로 눈덩이를 굴리고 마른 나뭇가지들을 주워와 눈도 코도 입도 만들고 앙상한 겨울 나뭇가지에 처연하게 매달려 있는 누런 나뭇잎 으로 그럴듯하게 모자도 씌워 놓았습니다.

어린 아이들도 아버지와 함께 신이 나서 깔깔거리며 그 조그마한 고사리 손으로 자꾸만 자꾸만 눈덩이를 굴리고 부풀렸습니다. 굴린 눈덩이들을 배에도 얼굴 에도 덧붙여 그만 어느새 꼬마 눈사람은 뚱땡이 눈사람이 되었습니다.

해가 지도록 눈사람 옆에서 떠날 줄 모르는 아이들을 간신히 추스려 젊은 아버지는 집으로 들어왔습니다. 아파트 19층 꼭대기에서 까마득히 놀이터 운동장 마당에 쓸쓸히 서 있는 눈사람을 내려다보며 아이들은 아쉬움에 작별인사를 합니다.

"뚱땡아, 안녕. 낼 만나!"

아이들은 찬바람을 오래 쐬인 탓에 간간히 기침도 하면서 새근새근 잠이 듭니다. 꿈속에서도 아버지와 만든 뚱땡이 눈사람을 생각하며 히죽히죽 웃어 댑니다. 한 녀석은 얼마나 노곤했던지 잠자리에 그만 오줌도 쌌습니다.

아침이 오고 창문에 훤하게 햇살이 비치자 아이들은 아버지와 함께 밖으로 뛰어나갑니다. 한 녀석은 손에 과자도 하나 챙겨갑니다.

"배가 고플 거야. 과자를 주어야지."

그런데 이게 어떻게 된 일입니까, 큰일 났습니다. 아버지도 아이들도 너무 놀라 어쩔 줄 모릅니다. 아버지와 아이들이 그렇게 정성 들여 만들어 놓은 뚱땡이 눈사람이 그만 얼굴이 땅에 떨어져 짓밟힌 채 두 동강이가 난 채 엉망이 되어 버렸습니다. 아이들의 울음소리가 찬바람이 씽씽 훑고 지나가는 아파트 단지에 진동을 일으킵니다.

"나쁜 놈들! 밤새 나쁜 괴물이 왔다 갔나보다."

속이 많이 상한 아버지는 어린 아이들을 어떻게 달래야 할지 몰라 쩔쩔맵니다. 아버지가 아이들의 이야기 속 괴물 탓을 해보지만 좀처럼 울음이 멎지 않는 아이들을 달래며 아버지는 또다시 눈사람을 만들기 시작합니다. 아버지도 아이들도 더이상 신나는 눈사람 만들기가 아닙니다.

"제발 이 눈사람은 부수지 말아주렴."

아버지는 말간 겨울 하늘을 올려다보며 간절히 기도합니다. 아이들의 꿈이 오롯이 꿈만으로 끝나는 세상이 아닌 고운 꿈을 꾸면 모두 이루어지는 아름다운 세상이 되어 달라고…. 아버지의 기도를 듣기라도 한 듯 하늘에선 또 다시 하얀 눈이 내리기 시작합니다.

그리움

아무 것도 하지 않고
아무 말도 하지 않고
한 여름 뙤약볕에
스쳐간 온기조차 억새풀로 남은
텅 빈 옛집

누군가 반겨 줄
그리운 이 있을 것 같아
자꾸만 자꾸만
무성한 대숲만 흔들어 댄다

오래된 옛집
툇마루 뒤주 위엔
거미줄에 갇힌
낡은 사진틀

삼베적삼 할머니와
단발머리 손녀가
배시시 웃고 있다

죽은 나무 가지에도
떨어지는 빗방울
그리운 얼굴들이
하나 둘
오래된 옛집
툇마루로 모여 든다

황혜숙 작품선 / 시

거듭나기

꽃잎처럼 고운 낭만을 싣고 다가서던
뽀얀 안개가 순간 흙빛으로 변하고
찰나에 어디론가 사라지는 주변의 풍경들
선자리가 낯설어 황망히 두리번 거리는

졸지에 사라진 빈 집 터 안에서
호랑나비 한 마리 파드득거리며
아무것도 잡히지 않는 혼돈의 이물질들
겹씨 홀씨 흔적조차 찾을 길 없어

차곡 차곡 정리해둔 곳간의 야망들과
허망한 바람결에 산산히 흩어진 욕망도
춤추는 나뭇잎에 실종으로 실어 보내고
나는 간신히 한줌 자연으로 되살아나

생의 숲에서 질척거리던
온갖 생의 허물에서 벗어난다

무궁화

풀기선 삼베적삼 흥건히 젖도록
목청이 터져라 외쳐댄 만세소리
선명히 휘날리던 태극기 물결 뒤로
연분홍 연지 찍고 꽃가마에 올라탄
새 색시인 듯 수줍음에 살포시
"무궁화 꽃이 피었습니다"

여름 내내 화려한 맵시를 뽐내던
붉은 꽃잎 장미 울타리를 지나
인적드문 모퉁이 울창한 거목들 사이
누군가 심어놓은 무궁화 한그루
연분홍빛 꽃잎이 활짝 피었다

발소리 들킬세라 살며시
눈 가린 술래 등 뒤로 다가서던
한내마을 코흘리개 아이들
그리움에 한번 더
"무궁화 꽃이 피었습니다"

- 2015년 8월 15일 광복 70주년 -

그 해 여름

이른 새벽 시끄러운 매미소리에 잠이 깬다
매미 세 마리 창가에 달라붙어 요란스럽게 울어댄다
태극기를 꺼내 그들 옆에 가까이 달아도 꼼짝 않고 울어댄다
오늘은 8월 15일 69주년 광복절이다

때마침
노구(老軀)의 몸을 이끌고 먼 길 찾아온
세기의 교황 프란치스코는
상실의 분노와 고통과 슬픔으로 얼룩진 이 땅에
그의 모습 만으로도 위안이 되는
진정한 사랑을 전하려 애쓴다

오랜 억눌림에서 벗어난 백의(白衣)의 민족이
목이 터져라 태극기 휘날리며 만세를 외치던
그해 여름에도
이른 새벽부터 매미들은
목청을 돋우며 울었을 것이다

팔월의 한복판 간절함으로 올려다 본 하늘엔
뜨거운 태양을 감싼 은빛 울타리가 섬광처럼 빛난다

장애

근심에 가득 차, 가던 길 멈춰 서서
잠시 주위를 바라볼 틈도 없다면 얼마나 슬픈 인생일까?
나무 아래 서있는 양이나 젖소처럼
한가로이 오랫동안 바라볼 틈도 없다면
숲을 지날 때 다람쥐가 풀숲에
개암 감추는 것을 바라볼 틈도 없다면

햇빛 눈부신 한낮, 밤하늘처럼
별들 반짝이는 강물을 바라볼 틈도 없다면
아름다운 여인의 눈길과 발
또 그 발이 춤추는 맵시 바라볼 틈도 없다면

눈가에서 시작한 그녀의 미소가
입술로 번지는 것을 기다릴 틈도 없다면
그런 인생은 불쌍한 인생. 근심으로 가득 차
가던 길 멈춰 서서 잠시 주위를 바라볼 틈도 없다면

영국시인 윌리엄 헨리 데이비스(W. H. Davis)는 걸인 시인으로 잘 알려져 있다. 일찍 부모를 여의고 조부모 밑에서 어렵게 자라면서 거지로 방황하던 그의 어린 시절, 그리고 성장기는 너무나 불행했다. 청년이 되어 광부가 되기 위해 탄광으로 가는 화물차에 뛰어 오르다가 한쪽 다리를 잃고 그는 더이상 불편한 한쪽 다리로는 구걸도 할 수 없게 되자 시인이 된다. 스스로 쓴 시를 팔아 생계를 유지하던 중 자비로 출판한 〈영혼의 파괴자〉외 시집으로 문단의 관심을 끌기 시작한다. 위의 〈Leisure〉는 그의 대표작이다.

다리 장애가 심한 장영희 교수는 어느날 여동생과 여성복을 파는 옷가게에 쇼핑을 갔다가 상점문턱이 높아 먼저 들어간 동생 뒤를 따라 들어 가려고 높은 가게 문턱에서 주춤거리고 있는 사이 이를 지켜본 가게 주인으로부터 거지로 오인되는 수모를 겪는다. 그녀는 문득 헨리 데이비스의 이 시를 떠올리고 스스로를 위로했다고 썼다.

"누가 나를 거지로 보면 어떠랴. 아름답고 찬란한 봄날 그녀는 가던 길 멈춰 서서 나뭇가지에 새순이 돋는 것을 바라보고 하늘 한번 쳐다볼 수 있으니 이 얼마나 축복인가." 하고 자위했지만 아무리 인품의 선각자인 그녀 할지라도 함부로 사람을 대하는 상점주인의 걸인 취급엔 많이 당황하고 놀랐을 것이다.

그녀는 수필속에서 그때 상점주인은 "동전이 없으니 나중에 와라." 그리고 그 말을 이해하지 못하고 자꾸만 가게 안으로 들어 가려고 시도하는 자신에게 "영업 방해하지 말고 빨리 나가라."고 소리 질렀다고 술회한다.

뒤늦게 상황을 파악한 동생과 그녀는 불편한 신체 조건으로 인해 겪은 수모에 얼마나 당혹스러웠을지 짐작이 가고도 남는다.

세상으로부터의 괴리에 장애인이 겪는 수모는 한 두가지가 아닐 것이다. 고지에 도달한 인격의 소유자인 그녀 외에도 이 세상의 많은 신체적 장애인들이 인격 장애를 가진 신체적 비장애인으로부터 체험하는 오만과 편견의 시선은 너무도 무수하다.

참으로 우리들 내면의 세계에서 꿈틀거리는 세속적 욕망을 극도로 자제하며 많은 것을 양보하고 많은 것을 포기하고 모든 욕구를 억제한 채 성인군자처럼 살아가는 사람들은 얼마나 될까? 누구나 지나치게 자신을 챙기려는 보편적 이기주의가 만연한 우리들의 삶 속에서 항상 나 아닌 남의 편에 서서 생각하며 살아가는 사람이 과연 이 세상엔 있기나 한 것일까. 아마도 태초에 조물주는 그런 인간을 세상에 내보내지도 않으셨을 것이다.

> 오 부드러운 베개에서 꿈꾸면서
> 반쯤만 귀 기울여라!
> 내 현악기의 탄주 곁에서
> 자거라! 그대는 더 무엇을 원하는가?
> 내 현악기의 탄주 곁에서
> 별들의 무리는 축복해준다.
> 영원한 감정들을.
> 자거라! 그대는 더 무엇을 원하는가?

영원한 감정들은
나를 지상의 소란으로 부터
높게, 승고하게 들어 올린다.
자거라! 그대는 더 무엇을 원하는가?
그대는 지상적 소란으로부터
나를 아주 멀리 떼어 놓고
이 서늘함 속에 가둔다.
자거라! 그대는 더 무엇을 원하는가?
나를 이 서늘함 속에 가두어 놓고

그대는 꿈속에서만 귀기울인다.
아아, 부드러운 베개 위에서
자거라! 그대는 더 무엇을 원하는가?

괴테의 시 〈밤 노래〉 속엔 우리들이 좀 더 침묵하면서 스스로의 말과 욕망들을 억제시켜야 하는 지고지순한 순수의 그림이 고요하면서 강하게 그려져 있다. 우리의 영혼은 순수 그 자체이다. 우리가 순수를 잃을 때 우리는 모두 보이지 않는 장애를 하나씩 젊어지고 살아가게 된다.

누구도 우리 자신 속에 들어와 똑같은 모습으로 함께 가지 않는다. 스스로 지혜롭지 못하면 많은 사람에게 상처를 주고 또한 스스로도 상처를 받게 마련이다. 정확하지 않고 잘못된 시각으로 다른 사람을 바라볼 때 우리가 제대로 알지 못한 한 사람에게 너무나 큰 상처를 안겨주게 된다는 것을 깨닫지 못하고 살아 가는 어리석음. 이보다 더 큰 인격적 장애는 없을 것이다.

남에게 이로운 말을 하여 어떤 한 사람의 영혼이 행복해진다면 비바람 몰아치는 폭풍우 속에서도 우리들의 진실된 영혼은 고요하고 잔잔하게 스스로의 옷깃을 여미고 있지 않겠는가.

아버지의 대를 이은 이 시대의 천재적인 번역작가 장영희 교수는 이 외에도 살아오는 동안 늘 목발에 의지해 사는 신체적 외모때문에 황당한 경험들을 많이 하게 된다.

백화점에 갔을 때 어떤 젊은 엄마가 계속해 울음을 그치지 않는 아이를 달래기 위해 자신을 가리키며 "애비, 애비, 너 계속 울면 저 사람이 잡아간다"고 말하자 아이는 거짓말처럼 울음을 그치더라는 것이다. 장 교수는 사과의 말 한마디 없이 아이의 손을 잡고 유유히 사라지는 젊은 엄마를 보며 서러움 대신 잘못된 어미의 가르침을 개탄해 마지 않는다. 신체적 장애나 결함이 있는 사람을 순수한 어린 아이에게 공포의 대상으로 만들어 버리는 그 젊은 엄마의 찰나의 교육이 많이 걱정이 되었던 것이다.

또한 그녀는 어린 아이들이 꿈을 키우며 읽고 보고 자라는 동화책이나 그림책 그리고 더러의 문학 작품속에서 한쪽 다리를 절거나 몸이 다른 사람처럼 정상이지 않은 장애인을 악의적 주인공으로 설정하여 재미를 이끌어 내고 있다고 개탄한다.

그리하여 어린 아이들이 장애인은 모습 뿐 아니라 생각이나 언어 그리고 행동 조차도 우리와는 다른 사람, 조금은 잘못되고 악한 공포의 대상이라 생각하며 자라나게 된다는 것이다.

세상 모든 아이들의 인격은 아주 어린아이 때부터 부모로부터 조금씩 교육되어 지고 그 부모의 모습을 보고 자연히 익숙해져 가기 때문이다. 세상의 모든 만물은 모두가 생명이 있고, 그 생명은 한결같이 고귀하고 존중받아야 한다. 길목마다 색색의 꽃들이 활짝 피어나 우리에게 더욱 빛나는 생명력의 아름다움을 과시하고 있는 이 따뜻한 봄날에 나는 문득 장영희 교수의 산문집을 읽다가 그에게 상처를 입힌 영혼의 장애인들에게 연민의 정을 보낸다. 분노가 지나치면 연민이 되는 것이다.

이제 막 걸음마를 시작한 16개월 된 손주 녀석의 손을 잡고 공원으로 갔다. 아이는 아직도 위험한 걸음걸이로 이리 내닫고 저리 내닫고 좌충우돌이다.

빨강 하양 노랑꽃들이 화려하고 즐비한 언덕배기에 오르자 아이는 탐스럽게 피어 있는 한 무더기의 꽃을 보고 좋아라 혼자 앙증맞은 손으로 박수를 치기도 하고 혼자만 알아 들을 수 있는 소리들을 내기도 하고, 고운 꽃잎을 만지기도 하며 연신 천사같은 얼굴에 신비로운 웃음이 넘쳐 흐른다.

세상에 태어나 처음으로 맞은 찬란한 봄날, 아름답고 고운 꽃들을 바라보며 그 작은 얼굴에 참으로 앙증맞은 웃음이 사라지지 않는 이 아이에게 세상은 어떤 모습으로 다가 올지 걱정이 앞선다.

첫눈

도심의 소요를 잠재우며 사각 사각 첫눈이 내립니다
햇살이 사라진 거리마다 잿빛 하늘이 내려앉고
설레임으로 가득한 아이들의 함성은 함박눈이 되어 쏟아집니다

앙상한 나목가지마다 눈꽃들이 피어나고
공원의 아이들은 쌓이는 눈을 기다리다 새 생명을 조각하기 시작합니다
후두둑 나무 둥지에 쌓인 눈송이들을 털어내며
날기를 포기한 까치들도 아이들 곁으로 우르르 내려 앉습니다

차가운 공원 벤치에 쓸쓸한 노인이 눈을 맞으며 앉아 있습니다
한바탕 아이들의 축제가 막을 내리고
추위에 떨고있는 눈사람 위에 노인은 모자를 씌우고 외투를 입힙니다
더 이상 꿈을 꾸지 않는 노인에게도 한가닥 생의 설레임은 간절합니다
오래 전 동화 속의 공주도 홍안의 소년도 다녀갑니다

눈사람이 추위에 떨지 않기를 기도하며 돌아서는
삭정이같은 노인의 야윈 마음밭을 다독이며
나목 가지마다 피어있던 눈꽃송이들이 애써 하얀 눈물을 털어냅니다

어떤 날의 첫눈은 우리 모두에게 마지막 첫눈이기도 합니다

참회록

벗은 나뭇가지 사이를 피안(彼岸)으로 떠돌며
차가운 밤의 정적 속을 움츠리던 겨울새 한 마리
밤사이 하얗게 찾아온 뜻밖의 포근함에
지친 나래 접으며 내려 앉습니다

내 생애 오롯이 한바탕 뉘우침으로 숨어있던
그 많은 날들을 끝내 찾아내지 못한 채
그 어딘가에 혹은 존재하지 않을지도 모를
혹은 나를 까맣게 지우고 살아갈지도 모를

그 상실의 기억들을 애타게 그리워하며
허공(虛空)같은 하루를 꿈길처럼 맴돌다가
종내 아이처럼 방구석에 쪼그리고 앉아
나는 낡은 사진첩만 뒤적일 뿐입니다

이제라도 손을 내밀면 닿을 것 같은
그 순정(純情)과 그 너그러움에 감사하며
스스로 방치한 채 돌보지 않던
내 생의 미완의 사랑, 그 간절함에 대하여
그때처럼 하얀 눈 사정없이 쌓이는 이 겨울밤에
오래도록 묻어둔 속 시린 말들을 밤새도록 써 내려 갑니다

그래도 미처 전하지 못한 남루한 이야기들
나의 상실과 뉘우침을 용서할 것 같은 여기

앙상한 겨울 나목 가지 위에 미안한 채로
걸쳐두고 가려 합니다

어느 노인의 독백

당신들은 나를 보며 무슨 생각을 하시나요

내 의지가 아닌 당신들이 넣어주는 대로 밥을 먹고
당신들이 묻는 말에 대답도 빨리빨리 못하고
초점없는 눈빛으로 양말 한 짝도 제 손으로 신지 못하는
나는 그냥 아무짝에도 쓸모없는 병든 노인으로만 보이겠지요

당신들이 하라는 대로 하루 하루 살아가는 나도
열 살 어린 나이엔 나를 무척이나 사랑하던
어머니도 아버지도 있었고 사이좋은 형제 자매도 있었답니다

한때는 당신들보다 훨씬 잘 나가던 멋진 젊은 날들도 있었다오
사랑하는 사람도 있었고 내가 잘 키워낸 멋진 자식들도 있지요

이제 비록 늙고 병들어 이렇게 초라한 모습으로
병상에 누워 나의 의지와 상관없이
당신들이 하라는 대로 살아가고 있는 나의 하루 하루가
훗날 당신들에게도 찾아온다면 어찌하겠소

제발 나를 좀더 자세히 들여다 보세요
아직도 오래전 추억에 젖어 때때로 가슴 설레는 나를
제발 조금만 더 자세히 들여다 보세요

어머니의 방

떨리는 손끝으로 나는 어머니의 물건을 하나 둘 건드린다.

여덟자 원목 장롱 안에 가지런히 정돈 되어 있는 어머니의 물건들은 감히 나의 손놀림을 용납할 수 없다는 듯, 위엄있고 정교하게 그 실체를 드러내며 나를 마주한다. 잘 정돈된 상점의 상품들처럼 깔끔하고 산뜻하다. 한 번도 깔고 덮지 않으신 목화솜 침구들, 당신의 양장옷 서너 벌과 한복 서너 벌, 그리고 비단 방석 서너 개와 메밀속 베개들. 모두가 내 어머니의 솜씨이다.

서랍장 안엔 역시 한 번도 사용하지 않은 듯한, 고운 빛깔의 손수건들과 타올 들이 역시 진열상품처럼 깨끗이 정돈되어 있고 핸드백과 양산들이 좁은 장롱 바닥 한 켠에 산뜻하게 어우러져 흐트러짐 없는 어머니의 평소의 모습을 그대로 드러낸다.

잘 정돈된 어머니의 물건들을 나는 하나씩 둘씩 거두워 내기 시작한다.

발인인 내일 어머니와 함께 보내드리기 위해서이다. 여러 친척들이 지켜보는 가운데 나의 미세한 손놀림은 몇 번이고 중심을 잃고 휘청거리고 어머니의 방엔 어머니의 일생만큼의 무거운 침묵이 흐른다.

"어떻게 이럴수가…."

누군가의 나지막한 탄식에 나의 떨리는 손놀림을 미동도 없이 지켜보고 있던 사람들 모두가 숙연해진 채 무거운 침묵이 흐른다. 어머니의 투피스, 원피스, 블라우스, 속옷 그리고 한복들. 손수 당신의 손끝으로 만들어낸 대단한 작품들이다.

"어머니가 아끼시던 것들이니 모두 넣어드려."

누군가 옆에서 또한 나즈막이 일러주신다. 나는 옷걸이에서 하나씩 둘씩 어머니의 옷을 꺼내어 어머니가 그러했듯 반듯하게 정리해 보자기에 싼다. 어머니의 감색 투피스 위로 나의 눈물이 소리없이 쏟아진다. 어머니는 특히 갈색 투피스를 즐겨 입고 다니셨다.

어머니의 문갑 서랍들 속엔 또다시 놀라움이 출렁거린다. 누군가 당신 집에 찾아오는 사람들에게 어머니가 손수 만든 음식들을 싸 보내려 미리 정리해둔 사소한 준비물들이다. 하찮은 비닐 봉투, 고무밴드 그리고 휴지 한 장까지도 너무나 깨끗하게 정돈되어 있는 내 어머니의 방.

맨 아래 서랍장 안에는 놀랍게도 오래 전부터 기록해 오신듯한 어머니의 가계부와 일기도 들어있다. 나는 또다시 떨리는 손으로 어머니의 가계부를, 그리고 어머니의 일기책을 편다.

뜻밖에도 그 곳엔 내가 전혀 알지 못했던 어머니의 낯선 모습이 가득 숨어 있었다. 늘 완벽하고 자신감에 넘친 생활을 해오신 나의 어머니는 어머니를 잘 아는 주변 사람들에겐 대장부라는 별명도 얻고 있었다.

그렇게 사셨던 대범하고 당당하던 모습과는 달리 뜻밖에도 그곳엔 어머니의 지독한 외로움이 숨어 있었다. 일기장 한 켠엔 아버지에 대한 그리움들을 절절하게 여러 편의 시 형식으로 적어 놓으시기도 했다. 아버지가 글을 쓰는 것을 몹시 싫어하셨던 어머니가 아니였던가. 어머니의 가계부 앞에 나는 고개를 들지 못한다. 만 원짜리 한 장을 뺐다 넣었다가 하며 마지못해 드렸던 영악한 자식들의 용돈이 당신의 삶을 자식들을 위해 희생했던 어머니의 가계부를 눈물로 수 놓는다.

해마다 어머니가 만들어내는 간장, 된장, 고추장은 일 년 내내 우리 집의 밥상을 빛내주었다. 감히 흉내 낼 수 없는 그녀의 솜씨를 이제 어디서 훔쳐온단 말인가.

밤새도록 무례하게도 어머니의 작은 방은 나의 떨리는 손끝으로 비워져 간다. 나는 어머니의 일기책 하나와 가계부 하나를 어머니의 분신인 양 소중하게 챙겨 들었다.

다음날 아침, 당신의 물건들과 함께 어머니는 참으로 오랜만에 그토록 그리워하시던 아버지 곁으로 가셨다. 연기가 되어 하늘로 피어오르는 어머니의 방이 아득히 멀어져 간다.

누군가 있어 우리는

정기 진료를 받기 위해 병원에 가려고 택시를 탔다. 두어 정거장 쯤 걸어가면 병원 앞에 정차하는 버스가 있어 그 버스를 자주 애용하는 편이지만 오늘처럼 몸과 마음이 함께 힘이 들고 많이 가라 앉아 있을 때는 이따금 집 앞에 멈춰 서 있는 택시를 이용하기도 한다. 요즘은 한낮에 대로변에 정차해 있는 택시를 만나기란 그리 어렵지 않은 일이다.

택시를 탈 때마다 여전히 필요 없는 낭비를 하고 있는 것 같아 마음이 편치 않지만 그래도 몸이 무거우니 쉽게 이용하게 된다. "그래, 지금껏 알뜰하게 살았는데 뭘~"하며 자신을 그럴 듯하게 합리화시키기도 하고 "넌 다른 사람한테는 인심이 후하면서 네 자신에겐 왜 그리 인색하냐?"고 잠시 궁색한 이유로 자신을 힐책하고 또 위로하기도 한다. 지난 날 알뜰하고 검소하게 살았으니 이 정도의 자기

대접 정도는 괜찮다거나 혹은 당연하다는 스스로의 덧가산 허용인 것이다.

건강이 안 좋아 병원 출입하는 일이 잦아지면서 이따금 택시를 이용하는 행위에 참으로 궁상맞은 자기 변명을 늘어 놓고 있는 것 같으나 오래된 나의 생활 습관으로는 조금은 어울리지 않는 일이기 때문이다. 이렇게 쉽게 택시를 이용하는 일이란 오래전 꽤나 먼 거리의 등하굣길을 걸어 다니며 교통비를 아끼던 젊은 날의 내 모습을 반추해 보면 있을 수 없는 일이다.

이따금 만나는 택시 기사들은 언제부터인가 점점 나이 든 사람들이 많이 눈에 들어오기 시작했다. 아마도 젊은 사람들이 기피하는 힘들고 지루한 직업이 되어 가고 있는 것 같다.

내 또래의, 은빛 머리칼이 유난히 수북한 노 기사는 "병문안 가세요? 아니면 어디 아프세요?"하면서 오늘 하루 꽤 지루했던지 아니면 조금은 말이 많은 사람인지 병원으로 달리는 내내 쉴 새 없이 내게 말을 건넨다. 자칭 아무리 힘들어도 자신의 입장보다는 상대방의 이야기를 잘 참고 들어주는 편인 나인지라 귀찮아도 적당히 대꾸해 가며 가고 있는데 그만 때마침 조금 떨어진 거리에서 지켜 보고 있던 교통경찰에게 교차로에서 신호 위반으로 걸리고 말았다.

이따금 자가 운전자들의 차를 앞질러 곡예하듯 운전하는 영업용 택시들을 목격했던 바, '젊잖아 보이는 풍채와는 달리 이 사람도 별 수 없구나! 약속된 진료시간에 늦진 않을까!'하면서 조바심으로 손목시계를 들여다보고 있는데 차창을 내리고, 다가선 단속 경찰에게 던지는 그의 첫 마디에 나는 그만 정신이 번쩍 들었다.

"이 아주머니가 병원이 급해서 빨리 가자고 재촉하시는 바람에…"

그는 조금은 내게 미안한지 말끝을 흐리긴 했으나 이건 분명 그의 잘못이 아니라 손님인 내가 신호위반이라도 해서 빨리 가 달라고 해버린 꼴이 되고 말았다. 경찰관은 뒷좌석에 앉아 있는 나를 고개를 쑥 들이밀고 들여다 보았고 그와 눈이 마주치는 순간 내 어지러운 머리 속에선 정의로운 판단 따위는 이미 물거품처럼 사라져 버렸다.

"예, 제가 상태가 조금 안 좋아서요. 한번만 봐 주세요. 저 때문이예요."

누구에게도 써 본일 없는 "한번만 봐 주세요."라는 말을 나도 모르게 너무도 쉽게 해 버리고 나는 마치 큰 죄를 지은 사람처럼 얼른 고개를 숙이고 그와의 시선을 피했다. 그리고 순간 콩닥거리는 내 안에선 또 다른 합리성이 쉽게 자리 잡으려 하고 있었다.

'그래 영업택시니 내가 봐준다. 너 개인택시면 어림도 없어! 오죽하면 그 나이에 영업택시를 몰겠니. 불쌍해서 내가 봐준다.' 모순된 논리와 갈등하고 있을 때 기사의 교통전과를 세밀히 조회해 본 그 중년의 경찰도 나와 비슷한 심정이었던지 "위반 전과도 없고 내 저 아주머니 때문에 봐 줄테니 조심하세요. 나이도 지긋하신 분이…" 한다.

그는 병원 가는 내내 거짓말을 해서 미안하다는 말을 반복했고 한번은 한적한 대로에서 신호가 떨어지기 전 살짝 유턴을 했는데 오늘처럼 단속 경찰이 없어 걸리지 않았다는 용맹담도 곁들였다. 오늘은 운이 나빠 걸렸다는 변명 아닌 변명도 겸연쩍게 늘어 놓았다.

중소기업체에 다니다가 퇴직을 한 그는 얼마 전 오랜 병마와 싸우던 아내를 잃고 아내의 병원비에 가산을 탕진하고 빚마저 짊어지고 있다고도 했다. 아직 공부 뒷바라지를 해야 할 늦둥이 아들이 하나 있어 운전대를 잡았다는 그는 사납금을 빼면 손에 쥐는 돈이 얼마 안 돼 힘들다고 했다. 오늘 같은 날 범칙금을 물었더라면 큰 일 날 뻔 했다고도 했다.

얼떨결에 그와 공범자가 된 나는 가까스로 마음을 다스리고 자신의 잘못을 나에게 전가한 그의 비양심적인 행동을 일깨워 주고 꾸짖으며 진정성으로 그에게 꼭 해야 할 말을 찾느라 잠시 혼란이 왔다.

"다시는 손님들을 공범으로 끌어 들이지 마세요." 그러나 마음속의 준엄한 진정성과 달리 나는 흰 머리가 수북한 그의 노년의 삶의 무게가 많이 힘겨워 보여 잠시 공범을 자청했던 이유로 나약한 동정론자가 되고 말았다.

"힘내세요. 아버지다운 아버지는 아무나 되는 게 아니잖아요. 아드님을 위해서도 운전 조심하시구요." 병원에 도착했을 때 그는 미안하다는 뜻으로 잔돈 칠백 원을 굳이 받지 않겠다고 했으나 나는 칠백원 어치 양심을 끝내 그에게 팔고 싶지 않아 애써 거절했다.

세상엔 나 아닌 누군가가 늘 내 언저리에 있어 훨씬 삶이 수월해 지나보다. 나 혼자라면 감당 할 수 없는 일, 나 혼자라면 빠져 나갈 수 없는 일, 나 혼자라면 도저히 해결 할 수 없는 일, 나 혼자라면 너무도 외롭고 고통스러워 견딜 수 없는 일들도 언제나 내 옆에 그 누군가가 있어 위로가 되고 해결이 되고 핑계가 되고 또한 난관에 부딪히는 일들도 좀 더 쉽게 풀어나갈 수 있다면 아마도 우리들 삶의 무게는 조금 더 가벼워지지 않을까….

황혼이 짙은 나이에도 가장의 짊을 지고 삭막한 도시의 한복판을 누비며 때론 신호위반을 해가면서 살아가는 그에게 오늘 잠시 내가 그 누군가가 되어 공범이 되었다 한들 어떠랴. 그에게 몇 만원의 범칙금은 그가 평생 살아오고 또 살아갈 그의 집, 그를 가장으로 의지하고 기다리는 자식들의 빈 항아리를 채우는 곡식이 될런 지도 모를 일이다.

잘 아는 사람이든 잘 모르는 사람이든 세상에 나 혼자라고 생각될 때, 그리고 내가 곤경에 빠졌을 때 그 누군가가 있어 잠시라도 도움을 받을 수 있다면 얼마나 다행스러운 일인가. 오늘 병원에 가는 길에 잠시 만났던 늙고 가난한 택시기사의 아들이 효심이 가득하여 하루 속히 늙어가는 아버지의 짐을 덜어 주기를 기원해 본다.

찌는 듯 무덥던 여름은 온데 간 데 없고 어느새 서늘한 기운이 얇은 옷깃을 여미게 하는 가을의 문턱, 우중충한 종합 병원의 분위기와 맞물려 늦은 하오의 하늘엔 한바탕 가을비라도 쏟아지려는지 먹구름이 잔뜩 덮여 있다.

거목(巨木)

오랜 가뭄 속 바닥 드러낸 깊은 우물에서
간신히 제 몸 적시고 고여있는
마지막 샘물 한줄기 퍼 올리듯
너의 깡마른 영혼에서
서러움 한 두레박 건져 올린다

아픔과 외로움 감추고 허허실실 웃고 다니는
너는
긴 가뭄에 갈라져가는 메마른 땅처럼
얼마나 힘이 들까 얼마나 울고 싶을까

뿌리 굵고 오래된 큰 나무 그늘아래
한여름 매미로 달라붙어 실컷 울음을 토해내면
지나가는 바람 한점 따뜻한 손길로 다가와
헝크러진 매무새 다독이고 지나가지
내 몸을 스쳐간 그 오래전 어머니의 손길

생명

길을 걷는다 그냥 걷는다
때때로 휘청거리고 멈추고 싶지만
그냥 걷는다

젊은이들과 아이들은 풀밭 놀이터에서
노인들은 여기저기 벤치에 모여앉아
쉬고 있는 한낮의 공원
나는
아픈 허리를 곧추세우고
발걸음에 힘을 주며
계속 걷는다
등줄기에 땀이 흐르고
발바닥이 아파와도
계속 걷는다

잠시 올려다 본 하늘은
오래전 어머니 미소처럼 자애롭고
길가에 살랑이는 나뭇잎들은
어린날 형제들의 웃음소리처럼 다정하다

때때로 주저앉고 싶고 때때로 멈추고 싶었던 길
잘 참아내고 다독이며 쉬임 없이 걸어온 나의길
결코 멈춰서선 안되는 나의 길이다
어머니가 내게 주신 생명의 길이다

홀로와 동행

창문을 두드리며 밤낮으로 요란스럽게 울어대던 매미도 사라지고 풀숲 어디선가 여치소리도 들려오는걸 보니 좀처럼 물러날 것 같지 않던 혹독한 올 여름의 무더위도 어느새 뒷걸음을 치고 계절은 성큼 가을의 문턱을 넘어 섰나 보다.

부슬부슬 가을비가 내리는 저녁, 창밖 건너편 빌딩 꼭대기를 오르내리는 까치들의 현란한 곡예를 바라보며 불현듯 어둠이 내리는 석양에 우두커니 서 있는 스스로를 발견한다.

어두운 골방에 갇혀 16절지만한 작은 들창 너머로 이따금 햇살 따뜻한 거리를 응시하며 고뇌로 가득 찬 젊은 날의 탈출구를 찾으려 애쓰던 시절, 말처럼 쉽게 쓰여지지 않던 글자들과 실갱이하며 펜촉이 갈라지도록 갈색 원고지의 빈칸

들을 채우고 또 채워가던, 그 영원히 묻어두고 살아온 날들이 불현듯 되살아난다.

나는 그 시절의 열정들을 비밀의 창고라 이름 지어 내 젊은 날의 한 구석에 잘 숨겨 두었다. 스스로의 영혼에 호된 채찍을 하며 밤잠을 못 이루고 꿈과 야망을 불태우던 젊은 날, 계절이 오는지 가는지 가늠조차 못 하고 앞이 보이지 않는 스스로의 맨홀에 빠져 혼자만의 시간들에 그렇게 갇혀있던 시절, 많은 고통이 따르는 작업이었지만 젊음의 끈기와 간절한 생의 목표가 있었기에 견뎌낼 수 있었던 일이었는지도 모른다.

한해, 두해, 빛과 어둠이 공존하며 고통과 절망의 시간들이 흐르고 나는 끝내 탄생시키지 못한 산고(産苦)의 미완성 원고들을 미련없이 폐기 처분했다.

그 시절 해마다 정월 초하루의 석간신문은 신춘문예를 목표로 열정을 쏟아내고 있던 문학도들에게는 천국과 지옥을 오르내리는 가혹한 교차로였다. 거듭된 낙마에 자신을 추스르기가 힘들었던 그 시절의 신춘문예는 내 젊은 날을 온통 긴 터널 안에 가두어 버린 혹독한 생존의 심판대이기도 했던 것이다.

빛과 어둠이 함께 공존하던 긴 시간 들을 훌훌 털어버리고 그렇게 암울한 홀로의 어두운 터널에서 빠져나와 오래된 창틀에 쌓인 먼지를 털어내듯 활기찬 군중 속으로 떠밀려 나왔을 때 나는 다시는 글을 쓰지 않으리라, 깨어있는 의식들을 모두 지우려 애써 외면하며 그 혹독했던 시간들과의 작별을 고했다. 그러나 기억 속에서 다시는 떠오르지 않기를 바랐던 그 비밀 창고안의 폐기물들은 살아오는 동안 때때로 괴성을 지르며 나에게 구원을 요청하기도 했다.

아무리 최선을 다해도 통과하기 힘들었던 비좁은 문, 그 어둡고 추운 문밖에서 늘 환한 햇살로 가득 차 있을 것만 같은 견고한 울타리 안을 기웃거리며 완벽하게 써 내고자 했던 소설 속 이야기들, 많은 시련과 고통이 함께 했던 나의 60년대, 돌이켜보면 나는 끝내 그 시간들과의 갈등에서 능력의 한계를 깨닫고 흔쾌히 항복한 것임에 틀림없다. 선택의 갈림길에서 좀 더 수월한 쪽으로 발길을 돌린 것이다.

지금도 신춘문예는 많은 문학도들이 열병을 앓는 꿈의 결정체다. 그러나 그 시절의 신춘문예는 마치 장원급제를 통과한 듯 대단한 것이기도 했다. 특히 장편소설 부문은 어려운 환경 속의 소설가 지망생들에게 당선의 영광 만큼이나 상금도 만만치 않은 금액이었다. 60년대, 홍성원 작가의 '디-데이(D-Day)의 병촌(兵村)', 이규희 작가의 '속솔이 뜸의 댕이', 그리고 70년대 박완서 작가의 '나목' 등의 장편소설 당선작이 신문지상에 발표될 때 마다 나는 그들의 열정과 빛나는 홀로와의 시간들에 숨을 죽였다.

때론 그들의 소설을 읽어 내려가며 부질없는 교만과 객기에 도취돼 있기도 했지만 한편으론 대단한 역량으로 완성된 절대적인 작품들을 대할 때 마다 스스로를 성찰하고 냉정하게 비판하는데도 큰 자성의 시간을 갖게 되었다. 나는 그 위대한 작가들에게 독후감을 써 보내기도 하며 미완의 자신과 공존하려 애썼다. 언젠가는 나도 그들로부터의 관심과 호응을 기대했기 때문이다.

홍성원 작가는 200자 원고지에 반듯한 필체로 정성껏 내려쓴 친필 답장을 보내주며 내게 용기와 위안을 주기도 했다. 나는 그의 명예와 고통이 함께 이 세상을 떠나는 날, 그의 평온한 안식 앞에 마지막 경의를 표했다. 수채화 같은 수필 한편, 시 한편도 제대로 써내지 못하고 있는 지금의 볼품없는 자신을 마주하고 앉아 옛일을 회상 한다는 것조차 부끄럽고 민망한 일이다.

그러나 이제 나는 평생을 그렇게 작가로서 살고자 젊은 날 한때 쏟아냈던 열정과 꿈 대신, 평범한 일상 속에서 만만하지 않게 살아온 다른 선택에도 스스로 위로와 포상을 하려 한다.

"수고했어, 그런데 네가 몰라서 그렇지. 누구나 다 너처럼 그렇게 실패도 하고 또 다른 삶을 열심히 살아. 그리고 그것이 인생이고 소설이야."

나는 오늘도 여전히 밥을 짓고 청소도 하고 빨래도 한다. 단 한순간도 이런 일들을 하찮게 생각하거나 수월하게 생각해 본 일은 없다. 이렇게 평생 살아온 내 인생의 중심부도 후반부도 역시 완성을 끝내지 못한 미완의 소설일 뿐이다.

여름내 푸르른 나뭇잎이 노랗게 그리고 붉게 물들어가고 추운 나목의 계절도 지나 또 다시 누군가의 고통이 열매를 맺는 빛나는 탄생의 계절이 어김없이 찾아올 것이다.

지금 이 시간에도 나는 자신만의 어두운 터널 안에 갇혀 스스로의 찬란한 빛을 찾아 홀로와 동행하며 의연하게 잘 견뎌 내고 있는 고뇌의 젊음에 격려와 갈채를 보내고 싶다. 그리고 그 외로운 자신과의 싸움을 이겨 낼 때 비로소 후회하지 않는 삶을 살 수 있다고 말해 주고도 싶다.

영원할 것만 같던 젊은 날들도 속절없이 사라지고 이제 어느새 내 어머니의 평생을 거두어간 석양의 나이에 내가 서 있다. 예고도 없이 불현듯 내 곁을 떠나신 나의 어머니처럼 나도 그렇게 어느 날 미완의 인생을 남겨둔 채 아이들 곁을 그리고 누군가 나를 알고 있는 사람들 곁을 떠날 것이다. 비 개인 저녁나절이 무지개를 그리며 고고한 몸짓으로 해넘이를 하고 있다.

인생

길가에 흔들리는 잡초들을 바라볼 새도 없이
길가에 떠도는 바람 한줄기에도 깨달음이 없이
나의 나다움은 자만과 어리석음으로
그대 슬픈 눈망울도, 그대 아픈 냉가슴도 헤아리지 못한 채

따뜻함은 그렇게, 사랑은 그렇게, 덧없는 세월 속에
너무 오랫동안 무정하게 잊혀지고 억눌려
이따금 창문을 두드리는 소리에도,
세찬 비바람의 항변에도 알아채지 못하고

막차조차 떠난 텅 빈 대합실에 홀로 남겨 졌을 때
비로소 알게 되지
덧없는 세월 속에 내 생의 마지막 동행은 때때로
눈물 흘리며 서러워했던 무한한 쓸쓸함 뿐인 것을

상실과 작별 사이

　　　읽고 또 읽고 눈은 서서히 감기고 가까이 보이던 활자들은 점점 멀어져 간다. 쓰고 또 쓰고 날마다 혼잣말 같은 이야기들을 두서없이 글로 또 쓰고 써내려가긴 하지만 어깨 통증은 점점 심해지고 허리도 꺾이는 듯 아프다.

하루 또 하루 표정도 언어도 점점 사라져 가고 있는 그를 바라보며 온갖 일인극을 다 연출해 보지만 미동도 없이 허공을 주시한 채 누워만 있는 그와의 진정한 소통 방법이 무엇인지 아직 나는 잘 모른다. 누구에게 물어도 명쾌한 정답을 이야기 해주는 사람도 없다.

"지금 겨울이에요. 밖엔 눈이 오고 있구요."

"지금 밖엔 꽃들이 활짝 피어 있어요. 따뜻한 봄이에요."

"오늘 내 생일이에요. 내가 이제 몇 살이 되었는지 아세요?"

어떤 날엔 문득 알아들었는지 허공을 향한 두 눈이 잠시 깜박거리기도 한다. 이런 날엔 나도 앉은 자리에서 벌떡 일어나 그를 한동안 바라보며 눈을 맞추려 애써보기도 하지만 이내 그는 힘겨운 듯 스르르 눈이 다시 잠겨 버린다. 기적과도 같은 회생을 기대하며 하루 또 하루 잘 떠오르지 않는 옛일들을 더듬이처럼 긁어모아 그에게 들려주고 있노라면 어디쯤에선가 그가 불현듯 일어나 그곳으로 가자고 하진 않을까? 내가 그를 바라볼 때마다 어린아이에게 동화를 들려주듯 단편극같은 이야기 한토막 씩을 만들어 가는 이유이다.

"나는 정말 싫었는데 당신은 꽤나 여름바다를 좋아했지요. 해마다 여름방학이 되면 동해 바다를 향해 당신은 어린아이들과 함께 몸과 마음이 먼저 달려가곤 했지요. 나는 싫은 내색도 못하고 이것저것 짐을 챙겨 아이들을 앞세우고 기차를 타고 버스를 타고. 정말 힘들었어요 그때는."

이제 어른이 된 그때의 아이들은 그래도 그때가 참 좋았다고 이야기한다. 어쨌든 모래사장에 텐트를 치고 하루 세끼 그들의 밥을 챙겨야 했던 나는 그때가 참 힘들었던 기억밖엔 없다.

그러나 그들 속에 좋은 추억으로 남아 있는 그 오래전 여름날들이 나의 헌신(?)으로 이루어진 것이라면 나도 그들과 함께 행복한 추억으로 간직해야 하는 것은 아닐까. 이제 와 생각해 보니 그래야 할 것만 같다.

그가 몇 년째 미동도 없이 누워있는 병원을 찾을 때마다 내가 그에게 전해주어야 할 일상의 단편적인 이야기들은 쉴 새 없이 이어지고 있다.

어느 날 문득 이런 상황들은 그가 너무 오랜 시간 동안 온전히 극단의 불행 속에 빠져있고 나는 그렇지 않아서 다행인 것 같은 미안함이 시간이 흐름에 따라 점점 확대되어 가고 있는 미안함 내지는 죄책감 같은 것에 사로잡혀있기 때문이라는 걸 알게 되었다.

해가 바뀌고 또 한 해가 더 바뀌어도 그가 그렇게 오고 싶어 하는 우리들의 집으로 데려오기 위한 나의 어떤 심리적인 노력에도 그는 나아지지 않았다.

거의 같은 빛깔의 불투명한 날들이 계속되는 것이 갑자기 너무 두렵고 힘겨워지기 시작했다. 오래전부터 조금씩 조금씩 나를 위협하던 불안들이 서서히 완전체를 이루고 이제 한 방울의 미세한 공기만큼이나 가벼워진 몸과 마음을 짓누르며 좀처럼 나로부터 떠나려 하지 않고 있다는 것을 알게 된 것이다.

어느날 불현듯 알 수 없는 무거운 압력이 나를 짓누르고 있는 텅 빈 집을 간신히 빠져나와 나는 사람들 사이로 걸어 들어갔다. 많은 사람들 속에 섞여 함께 웃고 함께 이야기하고 밝은 얼굴을 하고 여기저기 돌아다니고 싶어졌다.

집 앞 길 건너 그와 자주 가던 공원 산책길로 들어섰다. 누구든 낯익은 사람이라도 만나면 말을 걸어보고 싶었지만 공원길을 몇 바퀴 도는 동안 마주친 사람들은 모두 낯선 사람들뿐이었다.

더러는 빠른 걸음으로 더러는 느린 걸음으로 그리고 지팡이에 의지해 힘겨운 걸음을 옮기는 노인들. 그들의 일상적인 모습들 조차도 많이 외로워 보이는 것은 그동안 나에게 쌓여있던 고립의 침착이 너무 무겁고 두려웠기 때문일 것이다.

오랜만에 공원길을 걸으며 잠시 올려다본 뿌리 굵은 키 큰 미루나무 꼭대기에 튼튼하게 지어진 까치집이 여전히 그대로 있는 걸 보니 새삼 놀랍다. 높이 떠올라 그를 떠받치고 있는 둥근 원형의 앙상한 나뭇가지들이 무게를 안고 튼실하게 지어진 까치집을 반석으로 받치고 있는 모습 또한 더욱 놀랍다.

언젠가 내가 산책을 하다가 우연히 발견했던 이 까치집은 꽤나 높이 매달려 있음에도 내가 찾지 않았었던 지난 겨울 내내 어떤 세찬 비바람 눈보라의 강풍에도 절대로 흔들리지도 무너지지도 않았다. 그들에겐 부실공사란 없는 것 같다.

아침저녁 울어대니 시끄럽기도 하지만 이젠 어떤 악천후 속에서도 절대 굽히지 않을 것 같은 그들의 의지 속에서 마지막 줄을 잡고 절대 놓지 않으려는 나의 나약한 모습도 어른거린다. 때론 시끄럽게 울어대서 소요의 주범 같기도 했던 까치들을 나는 이제 그 하나의 이유만으로라도 사랑하기로 한다.

현기증을 견뎌내며 공원길을 걷고 있는 내 발걸음을 '툭' 누군가 채근이라도 하듯 건드리고 지나간다.

"죄송합니다." 나는 잠시 비틀거리다가 넘어질 뻔했지만 자전거를 탄 어린 소년의 고운 모습에 "괜찮아."라고 말하고 나는 미소를 보낸다.

누군가에게 걸림돌이 되어선 안되겠다고 생각하며 나는 애써 몸과 마음을 추스르고 얼른 공원길을 벗어나 마트로 연결되어 있는 지하철 역사 안으로 들어섰다. 낯익은 역사 안 지하로의 벽들과 사람들이 한가로이 책을 읽고 있는 쉼터 휴게실, 그리고 변함없이 내가 걸어갈 수 있도록 연결되어 있는 편리한 지하의 길들이 오랜 세월 변함없이 내가 살고 있는 이곳에 존재하고 있음이 새삼 고맙다는 생각을 하며 마트 안으로 들어섰다.

평일엔 한가하던 마트 안은 주말이라 그런지 젊은이들로 활기차게 붐빈다. 나는 망설임 없이 생선 코너로 가 그가 좋아하는 삼치, 갈치, 고등어를 사고 생굴도 샀다. 날마다 밥상에 오른다고 아이들이 싫어하던 시금치와 콩나물도 샀다. 식구들을 위해 이것저것 집어넣은 장바구니를 든 손이 꽤나 무거웠다.

삼월의 마지막 주말임에도 아직 쌀쌀하다. 이따금 그와 함께 찾던 '회마루' 식당을 지나 아파트 맞은편 건널목에 서서 신호등을 바라보고 서 있으러니 양손에 든 장바구니가 점점 내려앉기 시작하고 누군가 나타나 내 짐을 들어 주었으면 좋겠다는 간절함이 나의 의식을 괴롭힌다.

그러나 나는 진땀을 흘리며 애써 아파트 입구로 들어섰다. 그가 기다리고 있는 집을 향해 서둘러 걷기 시작한다. 그때 양손에 들고 오던 장바구니들이 저만큼 날아가고 한동안 나는 땅바닥에 주저앉아 일어나지 못했다.

지나가던 누군가의 인기척을 느꼈지만 나는 그를 바라보지 못했다. 아니 바라볼 수가 없었다. "괜찮으세요?" 지나가던 여인의 목소리가 나를 부끄럽게도 하고 참담하게도 했지만 한편 누군가 있어 다행이라는 생각도 했다. 그녀는 쉽게 일어서지 못하고 있는 나를 애써 일으켜 세웠다.

여기저기 흩어진 물건들을 주워 담아 장바구니에 다시 담아주고 그녀는 내 집 현관 앞까지 나를 도와 함께해주고 돌아갔다. 어쩌면 그녀는 오늘 내가 간절하게 만나고 싶었던 사람이었는지도 모른다.

나는 뭉클해지려는 감정을 가까스로 다스리며 아이처럼 몇 번이고 그녀에게 감사의 인사를 전하고 집안으로 들어섰다. 그녀는 마치 어린 날의 내 엄마 같았다.

어둠이 내려앉은 텅 빈 집안 어디선가 그의 목소리가 들렸다.

"조심하지, 먹을 사람도 없는데 웬걸 그렇게 많이 사 들고…."

너무 오랫동안 참았던 것일까, 고요와 침묵이 묵은 때처럼 덕지덕지 눌러 앉아있는 텅 빈 집안을 흔들어 대며 내 안에 이미 소멸되고 말라 버린줄 알았던 뜨거운 눈물이 좀처럼 멈추지 않는다. 피가 흐르는 무릎을 닦아내고 있는 나를 바라보며 사진 속 그가 웃고 있다.

작별하면 또 다시 만날 수 있었던 날들이 많았었다. 이제 그런 날들이 내겐 영영 돌아오지 않는 것일까, 내게 바람이 많아서 그에게 서운했던 날들도, 그를 너무 오래 기다리게 해서 그에게 미안했던 날들도, 이제 모두 상실의 시간 속으로 사라져 내 곁에 그리고 우리 곁에 영영 다시는 돌아오지 않을 것이다.

내가 언제쯤 다시 그의 곁으로 찾아가 새로운 세상의 이야기, 우리들의 이야기 들을 다시 들려줄 수 있을지, 이제 그도 나도 삶과 죽음이 갈라놓은 상실과 작별의 슬픔을 견뎌내는 시간들 속에서 서로의 길을 찾아 각자의 시간 여행 속으로 한동 안 떠나볼 일이다.

  - 2025년 3월 5일에
  남편을 떠나 보내고~

인생 해방일지

어린 시절 식구들이 너무 많아 형제 자매가 없는 외동 아이들이 부러울 때가 있었다. 여덟 식구나 되는 대가족, 그리고도 다섯 남매의 맏이였던 나는 어린 시절에도 늘 자유가 없었다. 유난히 책 읽기를 좋아했던 나는 학교에 다녀오면 나만의 공간에서 내가 읽고 싶은 이야기책들을 맘껏 읽고 싶은 욕심이 있었다. 그러나 어머니를 도와 넷이나 되는 어린 동생들을 보살피고 그들을 챙겨 주어야 하는 일들이 맏이인 나를 늘 기다리고 있었다.

대가족의 종갓집이었던 우리 집은 잦은 제사며 그 밖의 대소사들이 많아 늘 일가친척들로 북적거렸고 그들을 대접하느라 종갓집 맏며느리였던 내 어머니는 늘 힘든 일상을 보내지 않으면 안되셨기에 어린 나이에도 나는 어머니를 도와 동생들의 소소한 일들을 챙기고 보살피는 일은 당연히 맏이인 나의 몫이라고 생각하게 되었다.

나의 어머니는 맏이의 책임감이 남다른 분이었다. 여섯 남매의 맏이로 자라고 또한 일곱 남매의 장남과 결혼하여 온갖 집안의 대소사를 당신이 책임지고 있었으니 그럴 만도 하였다. 나는 늘 그곳에서 탈출하는 꿈을 꾸었다. 학교를 졸업하고 직장생활을 하던 내게 어머니는 자신처럼 딸도 한 집안의 현모양처가 되길 원했다. 어쩌면 나도 늘 소요속의 대가족으로부터 탈출할 수 있는 길이 결혼이라고 생각했는지도 모른다.

그러나 결혼이란 또 다른 하나의 가정의 탄생일 뿐 한사람 개인의 독자적인 공간은 아니었다. 셋이나 되는 아이들이 태어나고 이전보다 더 많은 양가의 가족들이 드나들기 시작하면서 나는 또 하나의 가정이라는 울타리 안에서 누군가를 위한 그리고 연년생으로 태어난 세 아이들과의 해내지 않으면 안되는 치열한 일상이 계속되었다. 세 아이를 홀로 키우는 일은 잠시의 휴식도 멈춤도 용납되지 않는 전쟁과도 같은 나날이었다.

십년, 이십년의 세월을 그렇게 흘려 보내고 어느새 중년을 넘어선 나는 이제 아이들도 잘 자라 성년이 되어 각자의 가정을 선택하고 떠나면 또 한번쯤 나만의 휴식기를 가질 수 있는 시간이 오리라 세번째의 꿈을 꾸기 시작했다. 그러나 아이들이 제각기 자신들의 가정을 만들어 둥지 밖으로 떠난 후에도 어찌된 일인지 나의 일상은 여전히 자유를 찾지 못하고 또다시 일에 쫓기기 시작했다.

그 시절 어머니의 가르침대로 현모양처로 살아내느라 사회생활을 접고 가정을 지키는 일밖에 모르고 살아왔던 나와는 다르게 결혼 후에도 자신들이 선택한 일을 하고 싶어하는 딸아이들의 뒷바라지가 기다리고 있었던 것이다. 얼마 후엔 손주들까지 줄줄이 태어나니 스스로 청하지 않아도 그 또한 모두가 나의 몫이었다. 젊은 두 내외가 열심히 사느라 사회생활을 하니 부득이한 일이었다. 결국엔 양가의 살림을 책임져야 하는 일이 모두 내 몫이 되었다. 잠시 한눈판 사이에 또 다시 그 오래전 여덟이나 되는 대가족 속에 꼼짝없이 나는 갇히고 말았다.

어린 동생들 뒷바라지 대신 어린 손주들 뒷바라지에 쉴 틈 없는 나날들이 이미 늙어가고 있는 나를 기다리고 있었다. 그 오래전 어린 동생들도 사랑스러웠지만 손주라는 이름의 이 녀석들은 더 할 나위없이 사랑스러워 힘에 겨워 주저앉고 싶은 나의 여린 몸을 자꾸 일으켜 세웠다. 더 이상 젊지 않은 나에게 사랑이라는 기운만으로는 견뎌내기 어려운 황혼의 중노동들이 점점 힘들게 다가오고 있었다.

은퇴하고 조용히 둘이서 여행이나 다니자고 조르던 남편도 어느새 하얀 백발을 휘날리며 늙어가고 자식들을 위해 이리 뛰고 저리 뛰는 나를 바라보며 황혼의 둘만의 삶을 체념해가고 있는 것 같았다.

아이들 뒷바라지에 내가 이따금 허리도 아프고 다리도 아프다고 푸념을 하면 "하지 않으면 될 게 아니냐"며 남편은 뻔한 투정을 하기도 했다. 잘못한 것도 없이 괜스레 그에게 미안한 나는 한동안 세월이 멈춰주기만을 간절히 기도하기도 했다.

덧없이 세월은 흐르고 아이들도 무럭무럭 자라 늘 곁에 있을 것 같던 어여쁜 손자들도 드디어 조금 먼 곳으로 이사를 하면서 독립해 나갔다.

정을 쏟아 키운 아이들과의 이별이 내내 서운하기도 했지만 남편은 이제라도 우리만의 시간을 갖자고, 여행을 다니자고 내게 이전보다 훨씬 힘이 빠진 목소리로 또 다시 주문하기 시작했다. 주문하는 그의 모습도, 시원스레 대답을 못하는 나도 이미 지나가 버린 시간들 속에서 어느새 늙고 나약한 노인들이 되어 있었다.

어느 날 부터인가 걸음도 제대로 못 걷던 그가 끝내 스스로 걷기를 포기한 채 병상에 누운 지 어느새 일 년이 넘었다. 평생 혼자만의 자유시간을 그렇게도 원했던 나는 이제야 비로소 빈집에 덩그러니 혼자 남아 있다. 긴 세월동안 나의 손길을, 나의 밥상을 기다리던 그 많은 가족들은 다 어디로 사라졌는지 혼자남은 텅 빈 집안엔 적막이 흐를 뿐이다. 늘 시끌벅적하던 아이들의 목소리도, 모습도 그리고 아이들 틈에 섞여 늘 나의 눈치를 살피던 남편도 보이지 않는다. 텅 빈 집안을 두리번거리고 있노라면 그 존재조차도 알지 못했던 고요와 적막의 친구들이 내게 말을 걸어오기 시작한다.

"어때, 이런 날들을 기다린 거 아니었어?" 이제 비로소 알게 되었다. 그렇게도 평생을 두고 원했던 소요로 부터의 탈출보다 더욱 힘들고 어려운 것이 적막으로 부터의 탈출인 것을. 틈만 나면 책을 읽고 이야기책을 쓰고 싶었던 젊은 날의 나의 꿈도, 오랜 공직생활을 은퇴하고 나이 들어 한가해지면 함께 여행 다니고 싶어 했던 그의 꿈도, 가족이라는 울타리 안에서 헤어나지 못하고 우물쭈물 하다가 모두 사라져 갔다. 긴 듯 찰나에 불과했던 우리의 인생은 어쩌면 이렇게 어느 날 갑자기 더 이상 움직이기를 포기한 듯 멈춰 서는 것이 아닐까?

병상에 누워 표정 없는 얼굴로 물끄러미 나를 바라보던 남편이 알아듣기 힘든 나약한 목소리로 내게 말한다.

"나, 다 나으면 우리 여행가자."

여름 무상

지난 여름 나는 내내 아무 것도 하지 못했다.

요란스럽게 울어대는 매미소리와 열려진 문틈 사이로 들려오는 온갖 차들의 굉음, 그리고 지나가는 사람들의 수런거림과 발자국 소리들을 들으며, 밤낮없이 공격해 오는 통증에서 벗어나려 허우적거렸을 뿐이다.

극심한 고통과 싸우며 내가 힘겹게 여름을 견뎌내고 있는사이, 아흔둘의 결코 짧지 않은 생을 힘겹게 살아내시던 가까운 어른이 세상을 등졌다. 내 몸 힘든 생각만으로 평소 나를 아끼고 사랑해 주시던 분을 한 번 더 찾아뵙지 못한 것이 안타까웠다.

한 세기 전의 명장 조지 오웰은 인간이 깨어지고 부서지면서도 인생을 버티어 내려 하는 것은, 자신 외에 또 다른 사람들을 사랑하기 때문이라고 했다.

무덥고 긴 여름 내내 지독하게 엄습해 오는 끈질긴 통증을 그래도 잘 견뎌낸 것은 아직도 나의 주변에 내가 사랑해야 할 사람들이 많이 있기 때문이리라.

여섯 살에 교통사고로 하반신이 사라진 71년생 장애인 개그맨 박대운이 말한다. '내 다리는 없는 것이 아니라 숏다리일 뿐'이라고. 그는 또 말한다. '귀가 안 들리는 사람에게 너무 가까이 가서 소리 지르지 말라. 입냄새 난다'고, 그리고 '앞이 안 보이는 맹인의 앞을 가로막지 말라. 더더욱 안 보인다'고.

온전한 신체의 반 밖에 없는 그가 휠체어를 굴리며 건강한 육신으로 불평불만 속에 살아가는 멀쩡한 사람들을 웃기려고 하는 개그라고 말하기엔 엄숙하기까지 하다.

잘생긴 그의 얼굴에서 묻어나오는 진지한 언어들이 죠지 오웰의 그것과 많이 닮았다고 생각하고 싶은 것은 아무것도 할 수 없을 만큼 힘들었던 고통의 긴 시간들 속에서, 내가 만나지 않고도 많은 위안을 받은 사람들이 있었기 때문일 것이다.

선들한 바람이 불기 시작하는 여름의 끝자락, 책 속에서 만난 오웰과 텔레비전에서 만난 아름다운 청년 박대운을 기억하며 기운을 얻는다.

상실

햇살 따가운 긴 여름내내
매미소리만 요란한 빈 집엔
기약도 없이 먼 길 떠난
그리운 이들의 숨결이 어른거려

깊은 상처로 남겨진 적막들이
홀로 울먹이며 서성인다

때때로 창문을 흔들어대는
한 두 줄기 더운 바람에도
흠칫 흠칫 놀라 몸을 웅크리는
적막의 조각 조각들

결코 원치 않았던 이별에
그토록 자유를 원했던 나는

낡고 오래된 커튼 자락이
미세한 바람결에 휘청일 때 마다
때늦은 뉘우침으로
깊고 깊은 속 울음을 씻어낸다

깨달음

너무 가까이 있어 절대로
면경 없이는 보이지 않는 내 얼굴처럼
스스로 볼 수 없는 나날의 틀림과 편견 속에
힘겨운 숨결들은 고르지 못한 선율로
흔들리고 휘청거리며 서로 상처를 낸다

생각과 언어를 소유한 축복의 삶 속에서
한마디의 힘으로 다시 시작할 수 있는
너무 늦지 않은 깨달음

침묵과 단절의 욕망을 털어내고
나는 너에게 너는 나에게 사랑으로
다시 태어나 긴 세월 너그럽지 못했음을
서로에게 용서를 구하며

작고 향기로운 길가의 들꽃이 되어
눈부신 저 하늘의 태양을 바라보자

걸림돌

울퉁불퉁 길을 아이처럼 내 달린 것도 아니고
누군가의 발길에 채인 것도 아닌데
미처 고개 숙이지 못하고 앞만 보고 걷는 사이
내딛던 걸음 앞에 속절없이 무너지고 말았다

젊은 날의 맵시와 자생력을 기억하며
세월을 이기고 잘 견뎌낸 한걸음 한걸음인데
더 이상 제 힘으로 일어서지 못하고
더 이상 제 힘으로 걷지도 못하고
끝내 가던 길 한복판에서 넘어지고 말았다

한동안 속수무책으로 엎드려 땅을 마주 하노라니
나의 단단하고 곧은 발걸음에 애써 헤살을 놓은
거북등처럼 단단한 땅 껍질 속에서

한 겨울 잘 이겨내며 새봄을 준비하는
파르라니 새싹들의 자갈거리는 소리 들리고
쿰쿰한 흙냄새도 솟아 오른다

고장난 발목을 꽁꽁 동여맨 채
비로소 눈 바래며 내려다 본 세상 언저리
여기 저기 이울기 시작한 고장난 걸음들이
비틀거리며 세상을 걷고 있다

가던 길 멈춰 서서 잠시 먼 곳을 바라볼 수 있다면
휘청거리며 걷는 걸음조차도 행운인 것을

병실 풍경

　　지난 여름 내내 나는 정상인으로 아무 것도 하지 못했다. 요란스럽게 울어대는 매미소리와 열려진 문 틈 사이로 들려오는 온갖 차들의 굉음. 그리고 간헐적으로 쏟아지는 길고 지루한 장맛비 소리를 들으며 그렇게 밤 낮 없이 공격해 오는 통증에서 벗어나려 허우적거렸을 뿐이다.

509호 4인실, 낯설기 이를 데 없는 병실 풍경, 난생 처음 드러누운 병원 침상이 당혹스럽기만 하다. "옷 갈아 입으시죠?" 젊은 간호사의 지시에 마치 죄수복을 받아들 듯 움찔하며 환자복으로 갈아입는다.

"어디가 아파서 오셨어요?" 맞은편 침상의 중년 여인도 의례적인 예의를 갖춘다. 움직일 때마다 삐그덕거리는 침대, 낯설기만한 병실에서 환자용 침대가 새삼 친근하게 느껴지는 것은 어쩐 일인가, 불과 이십 여일 전까지만 해도 어머님께서 쓰시던 것과 비슷한 침대다.

아흔 다섯의 긴 생을 장맛비만큼이나 지루하고 눅눅한 병상에서 오랜 시간, 고통의 무게에 짓눌려 살다 가신 어머님. 퇴원 하시면서 굳이 병원 침대를 원하셔서 당신의 방에 누워 투병생활 하시면서도 병원 침대를 사용하셨던 것이다.

아마도 어머님은 입원해 계신 시간들이 행복하셨을 것이다. 자식들도 자주 드나들고 주변에 간병인들이며 간호사 의사들이 병원에서도 가장 연로하신 어머님께 모두 극진한 말 대접을 해주니 어쩌면 자주 오지 않는 자식들을 그리워해야 할 당신만의 외로운 방으로 들어가기가 싫으셨을지도 모른다. 어머님께서는 병원에 계속 있고 싶다는 의지로 병원 침대를 요구하셨던 것일까.

마치 그분의 병상을 이어 받은 듯한 나의 현실이 암울하고 답답하다. 독한 진통제와 주사. 그리고 물리치료, 별다른 방법이 없는 듯 매일 반복되는 과정이다. 면회 오는 가족들조차도 눈치 채기 어려운 나의 병명은 난생 처음 들어보는 이름인 '근막장애 통증증후군'이라고 한다.

밤낮으로 예고 없이 습격해 오는 통증에 체념과 절망으로 죽음의 강을 수도 없이 넘나든다. 전신을 휘감아 도는 격통에 한바탕 시달리고 나면 온몸은 비 오듯 쏟아지는 땀으로 흥건하다. 꼬박 뜬눈으로 지새우는 불면의 밤이 계속 될 때는 5층 병실 창밖으로 뛰어내리고 싶은 극단적인 유혹에 시달리기도 한다.

하루, 이틀, 사흘… 어느덧 병실 생활에도 익숙해지고 같은 방의 환우들과도 제법 서로의 고통에 대해 위로와 걱정을 함께 하게도 되었다. 나는 병원 치료에만 의지 하지 않고 스스로의 의지로 이겨 내려 안간힘을 쓴다. 병원 주변을 운동 삼아 무리해서 걷다가 오히려 통증이 악화되어 곤욕을 치르기도 했다. 금방 죽을 것만 같다가도 다른 병실의 더욱 절망적인 환자들을 바라 볼 때는 상대적으로 많은 위안을 받기도 한다.

어떤 날은 어제까지도 멀쩡하던 옆 병실의 환자가 하얀 시트에 덮혀 실려 나가는가 하면, 또 어떤 날은 죽어가는 말기 환자의 병실 앞에서 가족들 끼리 언성을 높이는 살풍경이 연출되어 환우들을 우울하게 만든다. 가벼운 접촉 사고를 내고 충격을 받아 쓰러져 그 후유증으로 반신마비가 된 사십대의 초등학교 여 선생님은 자신에게 찾아든 갑작스런 변화에 적응을 못해 식사도 거부 한 채 밤낮없이 짐승 같은 울음을 울어대 가족들과 주변 사람들을 안타깝게 한다. 간신히 움직이는 한 손으로 남편의 머리채도 휘어잡고 식사 쟁반도 밀어 던진다.

그 병실의 환자들은 모두 다른 방으로 옮겨 달라고 하다가 그 남편이 불쌍하다며 주저앉기도 한다. 어떤 날은 밤낮없이 애쓰는 간호사들이 불친절하다고 큰소리로 환자 보호자가 시비를 걸어 주변이 온통 공포의 도가니에 휩싸이기도 했다. 종내는 내과병동 간호사들이 모두 나와 정중히 고개 숙여 사과를 하고 나서야 조금은 술에 취한 듯한 그 남자의 소란은 진정되었다. 때론 병원이라는 곳이 환자들이 평온하게 안정을 취하며 치료에 전념하기에 좋은 환경이 아니라는 생각을 하게 된다.

내가 있는 병실은 다행히 드나드는 가족들도 조용하고 환자들도 조용하다. 스물둘의 비올라 켜는 음대생, 서른의 국문과 출신 소설가 지망생, 그리고 쉰의 언변 좋은 이혜순 씨가 그들이다. 이혜순 씨는 자신이 심장병 환자이면서 우리 세 사람을 위해 봉사도 하고 더러 간병도 하는 참으로 친절하고 영혼이 맑은 여인이다. 매일 찾아오는 가족보다 나를 언니라고 부르며 다가오는 그녀에게서 더더욱 힘을 얻곤 했다. 내로라하는 오케스트라 단원이 꿈인 비올라 여대생은 작지만 고운 목소리로 노래도 썩 잘 불러 분위기를 훈훈하게 만들고 소설가 지망생인 서른의 아가씨도 너무 순수해보여 오히려 앞으로의 긴 인생이 걱정이 될 정도다.

그러나 삶의 의지가 강한 그들도 자주 잠 못 이루고 육신의 고통으로 힘들어한다. 때로는 무기력한 나날들 속에 알 수 없는 긴장과 불안한 기운이 감돌기도 한다. 모두가 자신들이 언제 어떻게 될지 알 수 없다는 느낌을 희망이 있는 환자들조차도 갖게 만드는 것이 오랜 시간 병원에 장기 입원한 환자들의 공통적인 정서인 것 같다.

그들은 그러나 모두 나보다 먼저 퇴원했다. 동병상련 이란 이런 것인가, 우린 한 사람이 떠날 때마다 서로 눈시울을 붉혔고 이후로도 안부를 묻는다. 모두 너무 선량해서 아픔들을 겪는 게 아닌가.

친절한 이혜순씨는 퇴원 후 많이 좋아졌다며 늦게까지 내과 병동에 남아있는 내게 팥죽을 쑤어 오기도 했다. 누군가가 떠난 자리엔 누군가가 또 다시 자리를 잡는다. 무더운 여름 내내 끊임없는 치료에도 나의 통증은 계속 되었고 꾸준한

약물 치료와 통원치료를 약속받고서야 그 암울한 병동에서 나오게 되었다.

오랜 구치소 생활에서 벗어난 듯 드높은 하늘은 눈부시고 한 여름 끝의 태양은 뜨거웠다. 온 몸을 드러낸 맵시로 거리를 활보하는 아가씨도 이제는 더 이상 눈에 거슬리지 않고 거리 한복판에서 언성을 높이며 다투는 두 젊음도 그다지 밉상이 아니다.

우리는 무엇으로 세상에 와 무엇으로 살다 가야 하는가, 투명하고 밝은 눈으로 세상에 펼쳐진 온갖 것들을 바라 볼 수 있고 통증이 없는 육신과 영혼으로 하루 또 하루를 살아 갈 수 있다는 건 얼마나 넘치는 축복인가. 아직도 간헐적인 통증에 시달리며 살아가고 있는 나는 이제 이만큼의 고통쯤 연인처럼 아끼며 살아 갈 수 있게 된 스스로에게 감사한다.

내가 꽤 오랫동안 누워 있던 그 침상에 누워 힘들어 하고 있을 그 누군가에게도 하루 속히 육신과 영혼의 고통이 사라지는 쾌유가 이루어지기를 빈다.

낡고 오래된 일상에 대하여

　　낡고 오래된 물건들을 하나 하나 정리하다가 종내는 그 낡고 오래된 것들이 쏟아내는 세월의 무게를 감당하지 못하고 주저앉는다. 버리려 시작했으나 그 가벼움이 오히려 무거운 하중으로 짓누르는 삶의 항변들로 다가와 쉽게 처리하지 못하고 있는 것이다. 삶의 겉치레에 불과했던 사물이나 옷들 그리고 침구류나 식기 같은 도구들을 이제는 스스로 정리하고 버리지 않으면 안될 것 같아 벼르고 벼른일이다.

　　십년, 이십년, 삼십년, 사십년 세월의 나이테 만큼 버리지 못하고 필요함으로 쌓여진 잡동사니 같은 삶의 도구들이 더러는 그다지 필요하지 않았던 물건들로 어딘가에 숨어 있다가 이구석 저 구석에서 쏟아져 나온다. 내 소유의 것들은 그다지 많지 않을 것이라 생각되었으나 쓰지 않고 입지 않은 옷이나 물건들이 꽤나 쏟아져 나온다.

"넌, 변변한 옷 한 벌도 제대로 못 해 입고 그렇게 절약해서 뭐하려고 그래."

오래 전 어느 날 함께 의류 쇼핑을 나갔던 친구가 몇 시간을 허비하고도 옷 한 벌 제대로 고르지 못하는 나를 향해 질책했던 말이다. 그녀가 서너 벌의 옷을 고르고 구입하는 동안 멍청히 구경만 한 꼴이니 들어도 당연한 말이었다. 늘 잘 꾸미고 다니는 그녀의 모습이 보기가 좋았고 더러 나도 흉내내 보려 애썼으나 그것이 그렇게 노력해도 잘 안 되는 힘든 일이었다. 그만큼 나는 절약하고 겸허하게 살아왔노라 변명하고 있는 것이다.

어쩐 일인지 나는 자신을 꾸미고 가꾸는 데 늘 서툴렀고 그 서툰 습관에 점점 익숙해져 갔다. 그 익숙함이 자연스러움으로 바뀌면서 젊어서는 맞춤옷을 꽤나 장만하던 멋쟁이 동생의 옷을 슬쩍 슬쩍 얻어 입는 데 익숙했고 나이 들면서 커가는 딸들이 유행이 지났다고 무심히 망각해 버리는 옷들만으로도 자신을 꾸미기에 모자람이 없다고 생각되었다.

그리고 주변 사람들로부터 멋쟁이 소리를 듣던 동생과 딸들의 옷이 내게도 그들처럼 멋스럽게 느껴지리라 여기며 내 것이 아니어서 어색하다거나 불편하다는 생각 없이 살아 온 것이다.

장롱 속에 짐스럽게 쌓여있던 내 것이라고 정리하려던 옷가지들이 모두 그런 종류의 옷들인 것이다. 그러나 종내는 버리지 못하고 쌓여있던 그 옷가지들이 내 것이든 아이들의 것이든 함께 공유한 모든 것들에의 애착 조차도 살아오는 동안의 겉치레에 불과했을 뿐이다. 때마침 다니러 온 출가외인(?) 둘째가 제 어미의 하는 양을 흘깃 보고 지나치며 한마디 참견을 한다.

"어! 이거 내가 대학교 때 입던 옷인데, 그리고 이것두. 아직도 있는 줄 몰랐네."

삶은 쏜살같이 오늘이 어제의 과거로 지나가고 잡아놓고 싶은 순간순간들도 사정없이 과거가 되어 또 다른 현재와 미래로 흘러간다. 그리고 그런 시간의 상황들은 늘 누구에게나 뒤늦은 후회와 깨달음의 과거로 훌쩍 지나가 버리며 아쉬움이 간절한 우리에게 두 번의 기회 조차도 허용하지 않는다.

낡고 오래된 물건들을 조금밖에 정리하지 못했는데도 시간은 한나절이나 걸렸고 나는 마치 힘든 공사판 일이라도 하고 온 양 지쳐 버렸다.

온종일 땅거미 진 저녁처럼 어둑하더니 드디어 빗줄기가 세차다. 세찬 빗줄기와 함께 완연한 어둠으로 내려앉은 하오의 창밖을 바라보며 하던 일을 내일까지로 스스로 미루어 놓는다.

버리는 일은 간단할 줄 알았는데 사들이고 장만하는 일보다 더 힘들고 어렵다. 이 또한 모두가 소유와 버리기 사이 미련의 욕심 때문이다. 애써 정리가 되어 한 모퉁이를 차지하고 선택되어 나와 있는 버려진 물건들은 왠지 자꾸만 나를 향해 제발 버리지 말라고 애원하는 것만 같아 아예 그것들로부터 시선을 피한다.

건강이 많이 나빠지고 너무도 빠르게 나이 들어감을 의식할 때 마다, 내가 이 세상을 떠날때 남아있는 가족들이 뒤치다꺼리를 하느라 수고하지 않도록 틈나는 대로 늘 나와 관련된 버릴 것들을 정리하기로 마음먹었던 것이다.

그런 생각을 조금씩 실행에 옮기면서 한 사람이 태어나 세상을 살아 내면서 자신도 모르게 쌓여진 물건들이 얼마나 하찮은 것들이고 애써 그것들을 버리기 위한 마무리 준비도 만만치 않음을 실감하고 있는 것이다. 살아온 날들의 흔적들이 어떤 모습으로든 부질없는 욕심과 허세였음이 적나라하게 드러나기 때문이다.

애써 찾아 정리하고 버리지 않아도 모든 낡고 오래된 것들은 스스로 생멸하거나 혹은 사멸하고 있는 것을, 버리기 위한, 비우기 위한 오늘 하루, 나의 행위들이 짐짓 무언가를 추구하려 애쓰며 살아온 날들에 대한 수고로움의 종착역이라는 생각에 허무해지고 더 이상 일상의 빈 구석을 찾아 애써 채우기 위한 수고를 하지 않아도 될 것 같은 가벼움도 함께 자리 잡는다.

불현듯 세찬 비바람에 흔들리며 창문을 타고 올라오는 울창한 느티나무 한그루와 눈이 마주친다. 나목으로 서 있던 겨우내 잘 눈에 띄지 않았었는데 이렇게 울창한 모습으로 내 집 창문 앞에 당당한 모습으로 찾아오다니, 사시사철 알아서 옷을 갈아입고 당당하게 한 백년의 삶을 여유있게 누리는, 이 아름다운 봄날에 최고의 맵시를 뽐내고 있는 그의 넘치는 푸르름에 기가 죽는다.

그는 한겨울에도 절대 두툼한 외투를 걸치지 않았다. 벗은 채로 혹독한 겨울을 스스로 견뎌내고 그 견고한 인내의 댓가로 이 아름다운 봄날에 누구보다도 기품

있고 세련된 멋진 의상을 선물 받은 것이다. 위대한 대자연의 섭리 앞에 탁월하고 천재적인 변신의 능력이 없는 한갓 초라한 인간으로 그다지 길지 않은 생을 살아 내면서 애써 부질없는 욕심으로 채워진 일상의 소유물들 앞에 더없이 초라하고 민망해진다.

'이렇게 많은 것들이 필요 없는 것을…' 나와 함께 살아온 날들 만큼이나 낡고 오래된 벽시계가 느리고 미세한 호흡으로, 살아있는 오늘을 힘겨워하며 더디게 재각거리고 있다

황혜숙의 시와 수필:
시간과 공간을 초월한 문학의 춤

남복희 문화예술학 박사 / 문학 평론가 / 계간 '연인' 편집위원

로버트 프로스트는 "시는 말의 음악이며, 감정의 건축물"이라고 했다. 그의 '가지 않은 길'은 수많은 청춘에게 인생의 선택과 비전을 성찰하게 했으며, 이는 고등학교 교과서에 실려 깊은 울림을 전한다. 김소월은 "시는 언어의 꽃, 그 향기는 영혼을 깨운다"며 시의 본질을 노래했고, 그의 '진달래꽃'은 아름다운 언어 뒤에 슬픔과 고독을 담아낸다. 한편, 수필은 자유로운 영혼의 춤이다. 버지니아 울프는 "수필은 영혼이 종이 위에서 춤추는 글"이라 했고, 피천득은 "수필은 나와 세계가 만나는 지점에서 쓰는 편지"라 정의했다. 시와 수필은 인간의 품위를 드러내는 예술로, 누구나 쓰고 향유할 수 있지만, 때로 비논리적이거나 생산성과 무관하다며 폄하되기도 한다.

그러나 시와 수필은 현대 과학의 최전선인 양자물리학과도 깊이 통한다. 양자역학에서 관찰은 입자의 상태를 결정하며 현실을 형성한다. 마찬가지로, 시는 독자의 해석을 통해 새로운 의미로 완성된다. 둘 다 주관적 관찰이 객관적 세계를 변화시킨다. 양자 얽힘이 시간과 공간을 초월한 입자 간의 연결을 보여주듯, 시는 짧은 순간에 영원을 담고 특정 장소를 넘어 보편적 감정을 노래한다. 양자물리학이 우주를 파동과 입자의 춤으로 비유한다면, 시는 감정과 이미지를 리듬과 운율로 춤추게 한다. 이는 마치 시적 이미지와 양자적 비국소성이 서로를 반영하는 듯하다.

황혜숙 작가의 시와 수필은 이러한 문학과 과학의 경계를 허물며, 현대인의 고독과 내면의 갈등을 섬세하게 응시한다. 그녀의 시 '빈 방'은 자유로운 공간을 형상화하며, '거듭나기'는 변화와 소멸을 거쳐 새롭게 태어나는 인간의 내면을 자연의 이미지로 풀어낸다. 수필 '낡고 오래된 일상에 대하여'는 "삶은 쏜살같이 오늘이 어제의 과거로 지나가고, 잡아놓고 싶은 순간들도 사정없이 과거가 되어 또 다른 현재와 미래로 흘러간다"며 시간의 흐름을 성찰한다. '그해 여름'에서는 민족의 아픔과 치유를 자연과 역사에 융합해 생명력과 희망을 노래한다. 그녀의 언어는 절제된 표현력으로 깊은 감성을 불러일으키며, 독자로 하여금 단 한 줄도 놓칠 수 없게 만든다.

황혜숙의 작품 세계는 경계를 넘어 자유롭게 날아오르는 시와, 땅을 따라 강과 바다로 흐르는 수필의 역동성을 담는다. 그녀의 시어는 변화와 소멸, 자연과의 조화를 통해 새롭게 태어나는 인간 존재의 근원적 질문을 탐구한다. 이 귀한 책을 펼치는 모든 이에게, 그녀의 시 '축복'의 한 구절을 빌어 마음 전한다. "더 이상 누군가의 눈치를 보지 말고, 한줄기 시원한 가을 바람 같은 생의 설렘과 기쁨이 찾아들기를 간절히 기도해 본다."

이 시대가 요구하는 희망과 자유를 황혜숙의 문학을 통해 만나보길 바란다. 그녀의 시와 수필은 찰나에 사라지는 풍경 속에서 본질적 자아를 찾아가는 여정으로 우리를 초대한다.

낡고
오래된
일상에 대하여

〈황혜숙 작품선〉

발행일	2025년 7월 9일 초판 1쇄
저자	황혜숙
발행처	도서출판 청 Cheong
발행인	김영순
출판등록번호	제 2025-00061호
주소	서울시 서대문구 연희맛로12 5F
전화	010-3774-8586
ISBN	979-11-993409-0-9
정가	17,000원

*이 도서의 판권은 작가 황혜숙과 도서출판 청에 있으며
수록된 내용은 무단으로 복제, 변형하여 사용할 수 없습니다.

2025 Printed in Korea